도시 마을
생존법

코로나 시대,
지역에서
세계를
보다

도시마을 생존법

김기현 김원규 신희주
이창봉 임종한 정종원
주성돈 최진우
지음

이비컴

이매진의
시선
時線
14
_____

도시 마을 생존법
코로나 시대, 지역에서 세계를 보다

초판 1쇄 2022년 4월 17일
지은이 김기현 김원규 신희주 이창봉 임종한 정종원 주성돈 최진우
펴낸곳 이매진 **펴낸이** 정철수
등록 2003년 5월 14일 제313-2003-0183호
주소 서울시 은평구 진관3로 15-45, 1018동 201호
전화 02-3141-1917 **팩스** 02-3141-0917
이메일 imaginepub@naver.com
블로그 blog.naver.com/imaginepub
인스타그램 @imagine_publish
ISBN 979-11-5531-130-1 (03300)

펴내는 글

도시 마을, 문제이자 대안

부천은 작은 면적에 많은 인구가 산다. 문화 시설과 편의 시설은 많지만 녹지는 적다. 사람들이 북적이며 살다보니 사건과 사고도 잦지만, 새로운 대안을 모색하는 이들도 많다.

더구나 코로나와 기후 위기 시대! 세계적인 문제와 지역적인 문제가 교차하는 복잡하고 한 치 앞을 내다보기 힘든 현실 앞에서, 도시 마을이 하는 제안과 실험은 미래 사회로 나아가기 위한 사회 전환의 불씨가 되기도 한다.

매주 화요일, 도시 마을 생존법

문제가 불확실하고 심각할수록 더 많은 토론과 활기찬 참여가 필요하다. 열린 토론을 통해 문제를 종합적이면서 다양한 시각으로 바라보고 참여와 실천의 경험을 통해 비판이나 평가를 넘어 문제 해결의 주체로 나설 수 있기 때문이다. 그러나 코로나는 공론장을 축소시켰다. 시민 참여는 생략한 채 개발 계획이 착착 진행됐고, 행정은 관료주의와 일방주의를 강화했다.

작은 대안이라도 모색하자는 마음들이 모였다. 부천YMCA는 2021년 1월부터 매주 화요일에 국가 현안이나 지역 현안을 진단하고 정책적 의견을 제시해 공론公論을 형성하는 '진단과 전망'을 발행하기 시작했다.

도시 마을 사람들

도시 마을 사람들이 생활에서 겪는 아픔과 기쁨, 문제와 가능성, 세계적인 일과 지역적인 일이 가로지르며 교차하는 복잡한 현실 속에서, 부천YMCA 이사, 위원, 회원인 지은이들은 전문 영역인 지역, 환경, 행정, 사회, 의료, 인권, 언어의 관점으로 나름의 대안을 모색했다.

기후 위기에 직면한 상태에서도 개발과 경쟁만 앞세우는 세태 속에서 지은이들은 지속 가능 공동체를, 도시 마을의 현재와 미래를 함께 만들자고 시민들에게 손을 내민다.

각자 도생의 각박한 시대에, 시민들하고 나란히 서서, 도시 마을의 문제들을 해결하려 씨름하며, 매주 화요일마다 글을 발행한 지은이들의 노고에 깊이 감사드린다.

2022년 4월

북적이는 도시 마을 한복판에서

차례

2부 ㅣ 도시 마을과 삶의 질 ― 한국 사회를 돌아보다

3부 ㅣ 도시 마을에서 꿈꾸는 미래 ― 정치와 행정

4부 ｜ 코로나 시대 — 팬데믹과 도시 마을 생존법

5부 ｜ 살기 좋은 도시 마을 — 부천의 현재와 미래

1부

지속 가능 공동체
― 환경과 도시 정책

모든 사람이 걸어서
10분 안에

주성돈

코로나19가 확산되면서 집에서 보내는 시간이 점점 늘어나고 있다. 재택근무나 온라인 수업이 보편적이 돼 통근이나 통학 스트레스에서 해방됐다. 반면 운동이나 의사소통 부족이 문제가 된다. 공원 같은 녹지 공간에서 신선한 공기를 즐기는 시간이 얼마나 가치 있는지 새삼 실감한다.

녹지는 우리와 지역 사회를 더 건강하고 안전하게 연결한다. 사회적 연결망을 증가시키고, 도시 공기와 수질을 좋게 한다. 불안과 우울증을 줄이고, 학업 성취도도 높여준다.

텐 미니트 워크, 행복한 도시를 향한 10분

얼마 전 미국에서 '텐 미니트 워크10-Minute Walk'가 시작됐다. 모든 주민이 걸어서 10분 안에 안전하고 쾌적한 공원이나 녹지에 접근할 수 있게 하자는 운동이다. 2050년 완성을 목표로 도시 규모뿐 아니라 공원과 녹지를 정비하거나 새로운 공원을 조성하는 프로젝트인데, 비영리 단체 '트러스트 포 퍼블릭 랜드Trust for Public Land'가 주도해 시장, 도시 계획가, 공중 보건 전문가, 정책 전문가를 잇는 협력 네트워크를 구축했다. 녹지의 중요성을 알려 공원 등을 늘리는 한편 모든 시민이 자기가 사는 곳에서 최고의 순간을 느낄 수 있게 지역 사회를 바꾸려는 운동이다.

골프장이 시민 공원으로

미국 캘리포니아 주 샌프란시스코는 시민들이 일정한 사회적 거리를 유지하면서 운동할 수 있도록 폐쇄된 골프장을 열었다. 이 계획에 동의한 샌프란시스코 시장과 시민 300명은 이름과 사진을 인터넷에 공개했다. 콜로라도 주 덴버는 이미 주민 90퍼센트가 공원이나 녹지 등에 10분 안에 접근할 수 있는 계획을 세웠다. 시의회도 예산을 승인했다.

도시 주민들은 집에서 가까운 녹지 공간이 신체 건강과 정신 건강 등 삶의 질을 향상시킨다고 생각한다. 2020년 5월 PSB 조사에 따르면, 코로나19 상황에서 도시에 사는 미국인의 70퍼센트가 지역 공원과 녹지가 신체와 정신 건강에 긍정적인 영향을 준다고 믿고 있으며, 약 66퍼센트는 코로나19 기간 동안 신체 건강(68퍼센트)과 정신 건강(65퍼센트)을 유지하는 데 공원과 녹지 공간이 중요하다고 동의한다. 또한 집에서 도보로 10분 안에 갈 수 있는 공원이나 녹지 공간이 늘어나면 삶의 질이 향상된다는 데 동의한다.

그런데 지금 미국 사람 수백만 명은 안전하고 쉽게 도시 녹지에 접근할 수 없다. 어린이 2800만 명을 포함해 1억 명이 넘는 사람이 집에서 도보로 10분 거리에 공원이 없는 곳에 산다. 공원에서도 화장실과 편의 시설에서는 적당한 거리를 유지해야 하지만, 실내 시설에 견줘 야외 공원은 코로나 감염 위험성이 낮아 스트레스를 해소하고 주민들이 소통할 최적의 공간이 될 수 있다.

도시 공원과 녹지, 건강하고 살기 좋은 도시의 필수품

코로나19가 길어지면서 '코로나 블루'나 '코로나 피로'라는 말을 쉽게 접한다. 새로운 환경에 적응하기 어려운 사람들에게 도시 공원과 녹지는 새로운 삶을 위한 장소로, 정신 건강을 유지하는 휴식 공간으로 큰 잠재력이 있다. 공원과 녹지는 유지, 관리, 개선, 확장돼야 하는 중요한 공동체 자원이다. 사치품이 아니라 더 건강하고 살기 좋은 도시를 만들기 위한 필수품이다.

2021년 2월 16일

쓰레기 제로 도시를
향해

주성돈

부천을 비롯해 목포, 김해, 수원, 용인, 청주 등 곳곳에서 쓰레기 소각장 건설 계획을 반대하는 주민과 설치하려는 지자체가 계속 마찰을 빚고 있다.

부천시장은 피할 수 없는 선택인 만큼 주민들하고 지속적으로 소통하고 의견을 수렴해 갈등을 풀겠다고 말했다. 그러나 쓰레기 소각장 광역화 사업을 결정하는 과정에서 주민 목소리를 얼마나 들었는지 궁금하다.

정답 없는 정책

정책은 유일무이한 정답이 없다. 예상할 수 있는 여러 대안을 측정하고, 비교하고, 평가해 최선의 대안을 도출하는 전략적 사고다. 정책에 관한 정의가 잘못되면 정책 목표 설정도 잘못된다. 정책 목표를 달성하기 위한 정책 대안의 탐색과 개발, 정책 수단의 선택도 잘못된다.

부천은 빠른 도시화와 산업화 때문에 가용 토지가 절대적으로 부족하다. 인구밀도는 제곱킬로미터당 1만 5563명으로 전국 2위다. 높은 인구밀도 때문에 삶의 질이 하락하고 도시 경쟁력도 점차 약화된다. 균형 발전이 어렵고 도시 자원의 분배와 활용 등에 문제가 생기면 시민들은 선택에 직면한다. 도시인을 가리켜 유목민이라 한다. 새로운 초원을 찾아 떠나는 유목민처럼 도시인은 언제든 다른 도시로 떠난다. 부천은 도시 탈출의 위기와 기회가 공존하는 불확실성에 직면하고 있다.

쓰레기 소각장 광역화 문제도 마찬가지다. 소각장 광역화는 인구 밀도가 낮고, 행정 구역이 넓고, 입지 환경이 좋은 지자체에 적합한 사업이다. 부천은 상황에 맞지 않는 쓰레기 소각장 광역화보다 지금 있는 소각 시설을 현대화해야 한다. 장기적으로는 쓰레기 제로로 나아가야 한다.

소비재는 온실가스 배출원

소비재는 온실가스를 많이 배출한다. 소비재는 자원 추출, 제조, 배송, 포장, 처리, 폐기를 거치는 과정에서 쓰레기를 만든다. 이 쓰레기를 매립지나 소각로에 버리는 대신 회수하고 처리해 폐기물을 최소화해야 한다. 또한 재활용할 수 없는 재료를 줄이는 기술을 개발해 재활용률을 높여야 한다.

폐기물 제로 계층 구조를 만들면 도움이 된다. 폐기물에서 나오는 온실가스 배출량을 줄이고, 폐기물을 회수하고, 회수된 자원을 새로운 상품으로 전환하는 순서다. 지금은 지속 가능한 폐기물 관리 시스템을 구축하는 초기 단계인데, 폐기물 제로라는 목표에 관심 있는 도시는 폐기물 수거와 위생 처리, 유기 폐기물 관리 시스템부터 구축해야 한다.

폐기물 발생량은 빠르게 증가하고 있다. 폐기물 처리, 특히 매립지 유기 폐기물에서 배출되는 메탄이 온실가스 배출량의 약 5퍼센트를 차지한다. 여기에 폐기물로 끝나는 소비재와 재료에 포함된 이산화탄소 배출량도 더해야 한다. 따라서 폐기물 발생을 줄이고, 재활용할 수 없는 물질과 일회용 품목을 최소화하고, 상품 재설계를 장려하고, 재사용을 촉진하고, 재활용을 늘리고, 폐기물 회수량과 처리량을 늘려야 한다. 음식물과 유기 폐기물도 중요하다. 인간이 생산한 식품의 3분의 1은 먹지 않고 폐기되는데, 매년 13억 톤에 이른다.

쓰레기 제로 운동

두바이, 오클랜드, 밀라노, 텔아비브, 시드니 등 폐기물 제로를 선언한 도시들은 이런 약속을 했다.

첫째, 2030년까지 도시의 일인당 고형 폐기물 발생량을 2015년 대비 최소 15퍼센트 줄인다.

둘째, 2030년까지 매립이나 소각 처리 되는 도시 고형 폐기물의 양을 2015년 대비 50퍼센트 이상 줄인다.

셋째, 2030년까지 매립이나 소각 처리에서 우회하는 비율을 70퍼센트 이상 증가시킨다.

폐기물 제로화는 장점이 많다. 첫째, 기후와 환경의 지속 가능성을 증진시킨다. 온실가스, 특히 메탄 배출을 줄이고 지하수 오염이나 악취, 해충 등을 감소시킨다. 둘째, 폐기물 발생량이 줄면 폐기 과정이나 폐기장 유지에 드는 관리비가 준다. 셋째, 원료 의존도가 줄어 식량 안보와 에너지 안보에 도움이 된다. 퇴비나 바이오가스 등으로 에너지를 생산하고 푸드 뱅크와 자선 단체를 통해 잉여 식량을 공유한다. 넷째, 사회적 혜택을 강화한다. 지역 사회 퇴비화, 수리점, 잉여 식량으로 요리하는 카페, 도구와 장비 대여 같은 공유 경제는 지역 사회를 하나로 모으는 데 도움이 된다. 다섯째, 지역 고용을 창출하고 지역 경제를 활성화한다. 폐기물 제로 전략은 기술 집약적 매립이나 소각보다 10배 더 많은 일자리를 만든다. 여섯째, 자원 고갈 완화에 기여한다. 구리, 인, 알루미늄 등 앞으로 100년 안에 고갈될지 모를 8대 필수 광물 자원을 재활용할 수 있다.

부천은 2050년 폐기물 제로화라는 목표를 세우고, 2030년까지 중간 목표인 전환율 70퍼센트 이상을 달성해야 한다. 폐기물 발생을 줄이고 전환을 늘리려면 일단 폐기물 분리 수거를 개선해 플라스틱과 금속에서 음식물과 유기 폐기물에 이르기까지 재활용률과 회수율을 높여야 한다. 또한 일회용품과 재활용 불가능 재료, 특히 플라스틱 사용을 줄이고, 직물과 목재 등 기타 재료의 회수와 재사용을 늘리도록 노력해야 한다.

2021년 3월 24일

벚꽃 엔딩 사라진
도시 마을

최진우

지난 주말 비가 내려 벚꽃이 많이 졌다. 기후 변화 탓에 올해는 지난 100년 중 가장 이른 시기에 벚꽃이 피었다. 코로나19까지 겹쳐 제대로 꽃구경을 못한 사람도 많다. 부천시 3대 봄꽃 축제인 '도당산 벚꽃 축제'는 사회적 거리 두기 단계를 고려해 작년에 이어 올해도 열리지 않았고, 전면 폐쇄까지 했다.

이맘때면 장범준이 부르는 노래 〈벚꽃 엔딩〉이 많이 흘러나온다. 사랑하는 연인, 친구, 가족이 알 수 없는 떨림을 안고 벚꽃 흩날리는 거리를 걷는다. 시민들은 동네 공원, 아파트 단지, 가로수길 등에서 소소하게 벚꽃을 즐겼다.

봄바람 휘날리며 흩날리는 벚꽃 잎이 울려 퍼질 이 거리
찬란한 벚꽃 가로수길이 탄식의 거리가 되고 있다. 흩날리는 벚꽃이 가득하던 가지를 무자비하게 잘라 볼썽사납다. 가로수길 벚꽃 엔딩은 왜 사라진 현실이 안타깝다.

부천에서 가장 멋진 벚꽃 가로수길은 어디일까? 2019년 '부천시 가로수 조성·관리 기본 계획' 용역을 맡아 부천에 있는 모든 가로수길을 찾아갔다. 최고의 벚꽃 가로수길은 원종동 고강제일시장 근처 고강로 40번길과 역곡동 역곡상상시장 북쪽 거리인 지봉로라고 보고했다. 이 두 가로수길을 부천의 '아름다운 걷고싶은 길' 특화가로 20신에 넣어 브랜드로 만들고, 차도를 줄여 꽃과 나무를 심어 가꾸는 '가로숲'으로 정비하고, 시민 참여형 관리 사업을 추진하는 기본 계획을 만들었다. 가로수 기본 계획을 심의하고 1년이 지난 지금, 두 벚꽃 가로수길은 '목木숨'만 유지한 채 위기에 몰려 있다.

위기에 빠진 부천 최고의 벚꽃 가로수길

나유진 씨를 비롯한 몇몇 시민이 작년에 역곡동 벚나무를 지나치게 가지치기한다고 제보했다. 올해는 정재현 부천시의원이 같은 문제를 지적했다. 정재현 의원은 페이스북에 역곡동뿐 아니라 벚꽃 축제가 열리는 고강제일시장 가로수도 가지만 앙상하게 남았다고 지적했다. 부천시 녹지과에 확인하니 벚나무 잎에 사는 흰불나방이 상가로 침입해서 예방 차원으로 강전지를 하지만 내년에는 다시 벚꽃이 아름답게 핀다고 말했다고 한다.

부천에서 지난 몇 년 동안 무분별하고 무자비하게 강행한 가지치기에 문제를 제기해 고맙고 반가웠다. 그러나 모처럼 나온 문제 제기는 어쩔 수 없이 올해만 한 일이고 내년에는 다시 벚꽃이 핀다는 '변명'에 묻혔다.

흰불나방이 부천에 사는 벚나무만 괴롭힐까? 다른 지역의 아름드리 벚나무 가로수에 비교할 일도 없이, 민간이 관리하는 아파트 단지만 봐도 관리에 애를 쓴다. 겨울철에 볏짚도 두르고 방제도 한다. 가로수는 공공 수목이고 가로수길은 공공장소다. 상가에서 민원이 심하게 제기되면 공공 이익을 고려해야 하는 녹지과 공무원은 사명감을 갖고 다른 방식으로 문제를 해결해야 했다.

부천 어디서나 볼 수 있는 지나친 가지치기(강전정)는 사실 어제오늘 일이 아니다. 장덕천 부천시장은 2018년 10월 11일 중앙공원 잔디밭에서 시민 400여 명을 만나 '부천시장 시민과의 대화'를 나눴다. 한 시민이 수십 년 된 나무를 왜 강전정하느냐고 묻자 부천시장은 내년부터 녹지가 우거진 시를 만들도록 강전정을 하지 않겠다고 약속했다. 그러나 어김없이 강전정이 이어졌다. 시청이 관리하는 가로수가 그러니 학교 나무도, 상가 앞 나무도, 아파트 나무도 마찬가지다.

강전정 안 한다는 약속은 어디에

강전정 관행은 부천이 전국에서 가장 낮은 수준으로 언론에 보도된 듯하다. 약속을 지키지 않는 시정이다. 2018년 그린시티 대통령상을 받고, 2019년에 2035 도시 기본 계획 미래상을 '스마트 녹색 도시 부천'으로 삼은 일이 무색할 정도다.

가로수는 아름다운 풍치로 사람을 즐겁게 하고 여름에는 그늘을 드리운다. 자동차 통행이 잦은 도로에서는 소음과 대기 오염 물질을 줄인다. 단절된 도시 녹지들을 연결해 생물 다양성이 유지시킨다. 가로수는 도시에 꼭 필요한 그린 인프라다.

가로수, 도시에 꼭 필요한 그린 인프라

자연 녹지와 공원이 부족한 부천에 가로수는 더욱 중요하다. 상가 간판을 가린다, 전선을 보호한다, 쓰러질지 모른다, 꽃가루 알레르기를 일으킨다, 열매가 떨어진다, 냄새가 고약하다, 벌레가 생긴다며 불만도 많다. 이런 불만을 해결하는 데 강전정이 가장 경제적이다. 그러나 강전정은 수목의 건강과 존엄성을 훼손한다. 피해와 손실은 고스란히 사람들이 돌려받는다.

가로수는 우리가 대문 밖을 나가서 맨 처음 마주하는 자연물이다. 도로 옆 좁은 보행로에 힘겹게 선 가로수를 보살피지 못해 미안해하는 사람도 늘고 있다. 가로수의 삶을 이해하고 돌보려는 이런 공동체성은 궁극적으로 인간과 자연이 공생하는 사회를 앞당길 수 있다. 자연과 인간이 공생하는 도시는 가로수를 아끼고 보살피려는 마음과 행동에서 시작된다.

부천 시민 84만 명에게 혜택을 주는 가로수는 3만 5000여 그루이고, 그중 벚나무는 2700여 그루다. 찬란한 봄날 가로수길 벚꽃 엔딩을 즐길 수 있는 도시 마을을 지속하려면 흰불나방, 상가 민원, 적당 처리에 익숙한 공무원을 넘어 시민의 관심과 참여가 필요하다.

2021년 4월 6일

지구의 날,
안녕하지 못한 우리

김기현

동네에서 유일하게 흑백텔레비전을 산 집 안방에 동네 어른과 아이들이 옹기종기 앉아 있다. 아폴로 11호에서 나온 닐 암스트롱이 달에 발을 내딛었다. 곧이어 달 표면을 비추는 순간 흑백텔레비전은 지지직거렸다. 어른들의 환호와 흥분 가득한 웅성거림에 나도 같이 들뜨기는 했지만, 달 표면은 볼품없었다.

그때를 생각하면 어른들의 들뜬 말투와 웅성거림, (나중에 읽은) 닐 암스트롱이 한 인터뷰가 떠오른다. "우주에서 본 지구는 작고 푸른 모습이었습니다."

1969년 7월 어느 저녁, 창백한 푸른 점

어두운 밤하늘과 끝없이 펼쳐진 별을 보면 무한한 시공간에 외경심을 품게 된다. 티끌보다 작은 인간은 별을 보면서 많은 신화와 이야기를 만들었고, 과학과 철학을 싹틔웠다.

칼 세이건은 우주에서 본 지구를 '창백한 푸른 점'이라고 불렸다. 어떤 과학자는 태양계에서 지구가 차지하는 자리를 '불안한 균형'이라고 표현한다. 지구보다 태양에 가까운 금성은 너무 뜨거워 생명체가 살 수 없고, 지구보다 먼 화성은 너무 추워 생명체가 살 수 없다. 지구의 중심축은 조금씩 위아래로 이동한다. 지구의 공전이 안정 궤도에 들어선 원인은 달 때문이라고 한다. 또한 '푸른' 지구는 생명의 근원인 물이 약 70퍼센트를 차지하고, 약 110킬로미터 높이의 대기층에 둘러싸여 있다.

우주에서 육안으로 처음 본 지구, 암흑 속에 연약하게 떠 있는 작고 푸른 지구는 어떤 느낌과 감정을 불러올까? 1972년 로마 클럽에서 '성장의 한계'가 논의되기 시작하고, 1970년대 후반 제임스 러브록은 '가이아 이론'을 통해 지구와 지구의 살아 있는 생물, 대기권, 대양, 토양을 서로 연결된 하나의 생명체이자 유기체로 바라본다. 과학을 시적으로 왜곡시킨다는 비판도 받지만, 동양인에게 익숙한 천지인天地人의 관점이기도 하다.

'지구의 날Earth Day'은 미국 캘리포니아 주에서 발생한 해상 원유 유출 사고를 계기로 환경 문제에 관한 관심을 불러일으키기 위해 1970년 4월 22일 민간 운동으로 시작됐고, 곧 전세계로 빠르게 확산됐다.

기후 위기, 과학적 예측

4월 22일 지구의 날 51주년, 우리는 안녕하지 못하다. 대기 중 이산화탄소는 2015년 400피피엠을 약 300만 년 만에 처음 넘어섰고, 지구 평균 온도는 1.1도 상승했다. 지구 평균 온도가

1.5도 이상 오르면 인류 생존이 크게 위협받는다. 엘리자베스 콜버트는 '여섯 번째 대멸종'을 경고했다. 그러나 기후 위기는 종말론적 예언도, 비관과 두려움만 다루는 이야기도 아니다. 기후 위기는 화석 연료를 무분별하게 사용하며 '마구 생산하고, 마구 쓰고, 마구 버리던' 산업 문명 자체가 야기한 재앙이다.

기후 위기 대응은 자연과 인간의 조화로운 관계, 더 생태적이고 인간적인 사회경제 체제, 미래 지향적이고 민주적인 정치로 전환하려는, 어렵지만 새롭고 흥미로운 과정이다. 이런 전환에 성공하면 인류는 공존, 공생, 상호 연결, 민주적 소통에 바탕한 새로운 문명을 이룩할 수 있고, 실패하면 생존 자체가 위기에 빠진다.

대담한 계획, 구체적 행동

이런 전환을 위한 계획과 실천은 이미 상당히 진척되고 있다. 지금 시대에 가장 영향력 있는 미래학자 제러미 리프킨은 《글로벌 그린 뉴딜》에서 유럽연합EU을 사례로 든다.

유럽의회는 2007년 '20-20-20' 계획을 수립했다. 2020년까지 재생 에너지 소비 20퍼센트 증가, 에너지 효율성 20퍼센트 증진, 이산화탄소 배출량 20퍼센트 감축을 달성하고, 2030년까지 재생 에너지 소비 32퍼센트 증가, 에너지 효율성 32.5퍼센트 증진, 온실가스 배출 45퍼센트 감축, 2050년까지 제로에 가까운 탄소 시대라는 새 목표를 설정해 추진하고 있다. 제러미 리프킨은 자기 책에 붙인 부제처럼 지구 생명체를 구하기 위한 대담한 계획을 함께 실행하자고 구체적으로 제안한다.

그레타 툰베리는 유엔에서 연설하려고 태양광 요트를 타고 15일간 대서양을 건넜다. 끝없이 펼쳐진 바다, 거친 물살, 밤하늘 가득 반짝이는 은하와 별, 대서양 한가운데에서 마주친 물고기 떼, 거대하고 경이로운 대자연 앞에 선 인간. 이런 감수성을 지닌 새로운 세대가 새로운 사회를 열어가야 한다.

2021년 4월 20일

헐값 나무,
비싼 숲

최진우

산림청이 탄소 중립을 위해 30년간 나무 30억 그루를 심는 사업을 발표하자 국민적 공분이 일어났다. 환경 단체는 신규 재조림 사업이 아니라 대규모 벌목 사업이라고 강하게 반발했다. 환경부도 제동을 걸었다. 산림청은 대규모 벌채 식목 계획이 적절한지 논의할 민관 협의체를 구성해 토론회를 거쳐 9월에 탄소 중립 추진 전략을 확정할 방침이라고 물러섰다. 그러나 5월 30일 '녹색성장 및 글로벌 목표 2030을 위한 연대P4G 서울 정상회의'에서 열린 산림 특별 세션에서 최병암 산림청장은 30억 그루 나무 심기 사업을 발표했다.

탄소 중립 한다며 경기도 면적의 숲을 파괴

싹쓸이식 벌채를 뜻하는 산림 개벌 때문에 생태계가 파괴되고 있다. 산사태와 홍수 피해가 늘고, 폭염이 닥치고, 대기질이 나빠진다. 산림청이 30년 이상 된 숲을 베어내고 어린 나무를 심으려는 면적은 90만 헥타르로, 전체 산림의 14퍼센트다. 14퍼센트라 하면 적어 보이고 90만 헥타르라 하면 종잡을 수 없다. 한국 산림은 국토 면적의 63퍼센트다. 서울시 전체 면적이 약 6만 헥타르이고 경기도는 약 100만 헥타르다. 앞으로 2년마다 서울시 면적만큼 숲이 날아가고, 30년간 경기도 면적만큼 숲이 파괴된다는 말이다.

산림청은 국내 산림에 26억 그루 탄소 중립 나무 심기를 하더라도 매년 2만 4000헥타르에서 3만 헥타르로 25퍼센트만 증가할 뿐 지나치지 않다고 주장한다. 전형적인 통계 조작이다. 산림청은 2020년에 2만 4000헥타르를 수확하고 약 5000~6000만 그루를 심었다고 했다. 그리고 경제림에서 조림 실적은 1만 1667헥타르에 약 2800만 그루로, 전체 산림의 절반 정도다. 탄소 중립을 위한 벌채-조림 사업을 경제림에서만 하겠다고 했는데, 어떻게 25퍼센트 증가일까. 경제림에서 벌목량은 약 200퍼센트, 3배나 증가하는 것이다.

경제림 90만 헥타르에는 인공림뿐 아니라 자연림(천연림)도 꽤 분포한다. 농산촌 마을, 하천, 도로 인접지도 많다. 그곳은 많은 생명이 깃든 삶의 터전이다. 경제림의 40퍼센트를 차지하는 90만 헥타르에서 자라는 나무들을 모두 베어낸다고 하니 숲을 사랑하는 국민은 당연히 걱정하고 당혹스럽다. 미세먼지, 코로나19, 기후 위기로 고통 받는 세상에서 국내 산림 14퍼센트를 베어내는 생태계 학살은 지구 환경과 생물 다양성 파괴라는 되먹임 작용으로 되돌아올 것이다.

산림청의 탄소 흡수량 계산은 편향된 근거에 기반한다. 숲이 고령화되면서 탄소 흡수율이 떨어진다고 보는 계산 방식은 객관적이지 않으며 지나치게 낙관적인 전망을 반영한다. 국내 전문가들은 외부 검증을 해야 한다는 의견을 많이 낸다. 국제 학술지에도 오래된 숲의 나무와 토양이 월등히 높은 탄소 흡수량과 저장량을 보인다는 연구 결과가 많다.

나무를 베고 운반하고 태울 때 나무에 저장된 이산화탄소가 배출되고, 산림청이 계산에 넣지 않은 산림 토양이 저장한 이산화탄소가 배출된다. 탄소 중립은 산림청 계산기에 있는 목표일 뿐이다. 산림청 계산기는 편향된 과학이고, 정책을 입안할 때마다 산림 공무원들이 더 과장하면서 왜곡된다.

한국은 30년 된 나무 벌채, 독일은 100년 숲 보전

산림청은 30년 이상 나무가 72퍼센트를 차지해 영급 구조를 개선해야 한다고 주장한다. '늙은 나무'는 성장이 활발한 4영급에 해당하는데, 실제로는 청년림이다. 영급 구조를 6영급 체계에 묶어두지 말고 임업 선진국 독일처럼 100년 넘는 숲으로 확대돼야 한다.

숲의 존재 이유는 탄소 흡수만이 아니다. 탄소 흡수 능력이 떨어진다는 이유로 베어서는 안 된다. 오래된 숲은 생물 다양성의 원천일 뿐 아니라 탄소를 장기간 저장 격리하며, 산불과 산사태 같은 재난 위험을 낮추며, 기후 변화의 영향을 줄인다.

산림청은 벌채-조림이 탄소 중립에서 주요 어젠다로 확산되는 추세라며 30년간 1000억 그루를 심는 미국의 정책을 근거로 들었다. 정작 미국에서는 대규모 벌목이라며 제동이 걸린 상태다. 도널드 트럼프 대통령이 세계경제포럼WEF의 1조 그루 캠페인에 동참한다고 밝힌 뒤 하원에서 '1조 나무법'을 발의하지만 상임위를 통과하지 못했다. 그린피스 등 환경 단체들은 이 법안이 기후 행동을 빙자해 벌목 산업을 보호하려는 그린 워싱(위장 환경주의)이라고 비판했다. 어린 숲은 탄소 저장에 능숙하지 않아 새 묘목이 성장할 때까지 수십 년간 어떤 기후적 이득도 실현되지 않는다. 오히려 벌목을 줄여 산림을 보호하는 법안을 상원에서 논의하고 있다고 한다.

작년 4월 산림청은 한국 산림의 공익적 가치가 221조 원에 이르며 국민 1인당 연간 428만 원의 공익적 혜택을 받는다고 밝혔다. 산림은 온실가스 흡수와 저장뿐 아니라 산소 생산, 산림 경관 제공, 토사 유출 방지, 산림 휴양, 산림 정수, 생물 다양성 보전, 토사 붕괴 방지, 대기질 개선, 산림 치유, 열섬 완화 등 다양한 기능을 한다. 나무를 심고 가꾼 노력에 자연이 보답한 결과다. 그런데 산림이 지닌 공익적 가치가 시장에서 거래되지 않고 적정 가격으로 지불되지 않아서 문제다.

한국임업인총연합회는 얼마 전 성명을 내어 나무를 40년 키워 팔아도 100만 원 받기가 어려운 현실을 아느냐고 물었다. 목재 생산이 목적인 수확 벌채는 벌채한 만큼 다시 나무를 심어야 한다고 법에 규정돼 있다. 조림 비용은 산주가 아니라 정부와 지자체가 부담하는데, 1헥타르에 900만 원이다. 그런데 산림 1헥타르를 벌목하면 산주들에게 100만 원도 안 준다. 임업인 규탄 성명에 충분히 수긍이 간다.

산림청이 발표한 산림의 공익적 가치 221조를 환산하면 1헥타르당 3500만 원이다. 산림청 평균 40년생 1헥타르에 낙엽송 536그루, 잣나무 644그루가 있다. 벌목하면 40년생 낙엽송 1주에 1865원, 잣나무 1주에 1552원이 지급된다. 40년 자란 나무 1주가 아메리카노 한 잔 값의 3분의 1밖에 안 된다. 헐값 벌목을 멈추고 산주들에게 숲 보전에 따른 경제적 혜택이 돌아가야 한다. 산주들이 제공하는 산림 생태계 서비스의 공익적 가치를 측정한 뒤 적절한 보상을 하는 '산림 생태계 서비스 지불제' 또는 '탄소 배당제'를 도입해서 대규모 벌목을 막아야 한다.

산림 헌장 다시 읽기

무엇을 위한 산림 경영이고 누구를 위한 임업인가? 산주와 국민, 숲과 자연은 절대 아니다. 산림청은 산림 헌장을 내팽개치고 있다. 산림 헌장에는 숲의 다양한 가치를 높이도록 숲을 울창하게 보전하고 지속 가능하게 관리해야 한다고 쓰여 있다. 산림 환경 보전은 외면하고 비싼 숲을 헐값 나무로 만드는 임업에 몰두하는 산림청의 탐욕을 끊어야 한다. 이 정책은 폐기하고 산림청도 개편해야 한다. 산림청을 농림축산식품부 산하 임업 진흥 부서로 축소하고, 산림 생태계 보호와 생태계 서비스 관리는 환경부로 넘겨 자연환경보전청을 만들어야 한다.

2021년 6월 1일

탈탄소 사회와
적극적 사회 전환

김기현

기후 위기는 미래뿐 아니라 현재의 위기다. 지구 평균 온도는 1.1도 올랐고, 1.5도 상승에서 멈추지 못하면 자연재해가 발생하고 식량 위기와 물 위기도 빨라진다. 인류 생존이 위태롭다.

2016년 인류가 배출한 이산화탄소는 36기가톤. 1기가톤이 올림픽 규격 수영장 40만 개에 물을 가득 채우는 10억 미터톤 정도다. 우리는 생산, 유통, 소비에서 어마어마한 이산화탄소를 배출하고 있다.

고조되는 위기와 적극적 사회 전환

유럽연합은 '유럽 그린 딜'을 통해 현대적이고 자원 효율적이며 경쟁적인 경제를 바탕으로 2050년에 온실가스 순배출이 제로가 되게 하겠다는 야심찬 계획을 이미 실행하고 있다. 미국도 파리 협약을 탈퇴한 트럼프 정부하고 다르게 조 바이든 정부는 적극적인 기후 위기 대응 계획을 수립하고 있다. 5월 22일에 열린 한-미 정상회담에서 기후 위기 대응을 중요한 의제로 다루기도 했다.

미국은 상향된 국별 온실가스 감축 목표[NDC]를 제출했고, 한국이 지구 평균 기온 상승 1.5도 제한을 위한 노력과 글로벌 2050 온실가스 순배출 제로 달성 목표에도 부합하는 상향된 잠정 2030 감축 목표를 10월 초순경에 발표하고 상향된 최종 감축 목표를 26차 유엔 기후변화 협약 당사국 총회[COP26]까지 발표한다는 계획을 환영했다.

— 한-미 정상회담 공동 성명 중에서

미국의 2030 탄소 감축 목표는 '2005년 배출량 대비 50퍼센트'로 매우 적극적이다. 그렇지만 현재 한국의 2030 탄소 감축 목표는 '2017년 배출량 대비 24.4퍼센트'에 지나지 않는다. 한국은 '2050 탄소 중립'을 국제 사회에 선언한 만큼 이 목표를 최소 2~3배 상향 조정해 2021년 11월 1일 영국에서 개최되는 26차 유엔 기후변화 협약 당사국 총회에 제출해야 한다.

부천도 '2050 탄소 중립'을 선언했다. 이제 부천도 '2030 탄소 감축 목표'를 구체적으로 수립해야 한다.

탈탄소 사회를 상상하기

우리는 화석 연료에 기반한 산업 문명 속에서 대량 생산과 대량 소비를 당연하게 여기며 살아왔다. '소비가 미덕'이라고 칭송하고, 마구 쓰고 마구 버리며, 명품, 큰 집, 큰 차, 새 옷, 진귀한 음식을 갈망하면서 산다. 육식을 향한 욕망은 '공장식 축산'으로 발전해 동물들의 삶을 생지옥으로 만들었다. 사람들은 알고는 도저히 먹을 수 없는 성장 호르몬과 항생제로 범벅된 고기를 먹어야 한다.

> 우리는 지구 온난화를 불가항력적인 것이 아니라 변화를 이루고, 혁신하고, 영향력을 미칠 수 있는 세계로의 초대장으로 간주한다. …… 이것은 진보의 의제도, 보수의 의제도 아니다. 인간의 의제다.
> ― 폴 호컨 엮음, 《플랜 드로다운》, 이현수 옮김, 글항아리사이언스, 2019

탈탄소 사회로 나아가는 전환은 힘들다. 그렇지만 생명의 질서와 리듬을 살리고, 자연의 자연스러움을 되살리는 과정이기도 하다. 자연을 지배하려는 헛된 욕망을 버리고 자연에 조화하는 삶을 추구하는 길이기도 하다. 전환이 힘들더라도 어린이, 청소년, 시민은 미래의 지식, 기술, 역량을 훈련하고 개발해야 한다.

부천YMCA #기후위기 시민행동

7월 3일 '세계 비닐봉투 없는 날', 부천YMCA '#기후위기 시민행동'을 시작했다. 부천YMCA #기후위기 시민행동의 장기 목표는 '2050 탄소 중립 부천'이고, 중기 목표는 '부천시 2030 탄소 감축 적극적 목표 수립과 실행'이다. 단기 목표는 2022년 지방 선거에서 '걷고 싶은 도시 만들기, 에너지 전환 도시 만들기,

자원 순환 도시 만들기'를 정책에 반영하는 것이다.

지구를 살리는 100일의 여정(7월 3일~10월 10일)

걷기와 자전거 타기, 고기 안 먹는 월요일, 자원 순환 등 3가지 시민 실천 활동을 진행한다. 나눔 장터, 환경 영화 함께 보기, 플로깅(걸으면서 쓰레기 줍기), 제철 채소로 요리하기, 재활용 콘테스트, 자전거 타기 캠페인, 베란다 텃밭, 미니 태양광, 햇빛 발전 2호기 조합원 가입 등 여러 미션을 참가자들이 함께한다.

2021년 6월 22일

기후 위기,
공생 시민

최진우

기후 변화 때문에 생태계가 몸살을 앓는다. 북극 빙하가 녹아 북극곰이 갈 곳을 잃고 굶주린다. 오스트레일리아에서는 대형 산불이 나 코알라와 캥거루 등 야생 동물 30억 마리가 죽거나 다쳤다. 인간이 일으킨 환경 변화인데 야생 동물이 피해를 본다. 그런데 나하고 관계없는 먼 이야기처럼 들린다고 말하는 사람도 여전히 많다.

코로나19는 어떨까. 사스, 메르스, 코로나19 바이러스는 모두 박쥐한테서 왔다. 지구 온난화 탓에 박쥐들이 열대에서 온대로 서식지를 넓히면서 온대에 주로 모여 사는 인간에 가까워졌다. 인간은 박쥐가 사는 동굴 바로 앞까지 숲을 파괴하고 야생 동물을 괴롭혔다. 결국 바이러스는 인간에게 옮아 퍼지고 있다.

홍수, 가뭄, 폭풍, 화재, 산사태

생물의 멸종은 자연적 원인보다 인간 때문에 1000배나 빠르게 진행되고 있다고 한다. 기후 위기는 생물 다양성을 파괴하는 무분별한 토건 개발과 생물 남획 등이 미치는 영향을 더욱 악화시키고 있다. 기후가 변하면 토양이 산성화되고 홍수, 가뭄, 폭풍, 화재 등 극한 기후 현상이 증가해 생물종은 생존과 번영에 혹독한 시련을 맞는다. 생물의 계절성이 바뀌고, 서식지 분포나 이동 경로가 달라져 서식 환경의 질이 나빠지고, 외래 생물종이 유입돼 생물 다양성도 달라진다.

2021년 벚꽃은 유난히 빨리 피었다. 기상청이 1922년 관측을 시작한 이래 서울에서 벚꽃이 가장 일찍 핀 해라고 한다. 서울 남산에서는 산개구리가 예년보다 한 달 빠른 1월에 산란을 시작했다. 산에서 흔히 보는 박새도 번식이 빨라졌다. 어떤 사람에게는 봄꽃과 동물 번식을 일찍 접하니 흥밋거리일 수 있지만 생물에게는 가혹한 시련이다. 수분을 해줄 곤충을 만나지 못하고 새끼에게 먹일 애벌레를 충분히 구하지 못해 생존과 번식이 어렵다. 생물 계절의 변화에 따른 생태적 엇박자는 식물과 동물의 상호 관계와 먹이 사슬을 교란해 개체군을 감소시키며, 적응하지 못하는 생물종은 멸종에 이르게 된다.

숲 생태계의 근간인 생산자 집단

식물은 기후 변화에 따라 계절성과 생육 환경이 바뀌면 건강성과 분포 범위에 영향을 받는다. 절기 변화에 따라 점진적으로 잎이 나고 꽃이 피던 시기가 동시다발적으로 빨라지고 있다. 기후 온난화에 취약한 분비나무, 구상나무, 가문비나무 등 아고 산대 식생이 감소하고, 소나무 생육 분포 범위가 축소하고 유전적 다양성도 감소하고 있다. 동백나무와 대나무 등 상록 활엽수, 난온대성 식물 분포 범위가 확대돼 숲 생태계의 근간인 생산자 집단이 교란되고 있다.

동물은 극한 기후 현상이 증가하면서 생활사가 변하고 서식 환경도 나빠지고 있다. 기온 상승, 장마 시기 변화, 강우량 변화로 양서류와 파충류의 산란 시기가 빨라지고 산란 환경도 위협받고 있다. 조류도 번식, 이주, 털갈이 시기 등 생활사에 영향을 받는다. 곤충류도 출현, 우화, 발생 시기 등 생물 계절성이 변하고 있다. 결국 서식지와 이동 경로 범위 변화, 개체군 밀도 변화, 생존율과 체형 크기 감소, 암수 성비 불균형으로 이어져 동물 질병이 증가하고 멸종 위기에 놓이게 된다. 최근에는 주홍날개꽃매미, 미국선녀벌레 등 아열대성 돌발 해충이 대량 발생해 숲 생태계와 농업 생태계가 큰 피해를 받는다.

자연 기반 해법이 중요

생태계 보전은 기후 위기 대응에 매우 중요하다. 생물이 건강하게 살아가는 생활 터전인 자연은 탄소를 흡수하고 저장하는 산림, 하천, 습지, 갯벌, 해양이기 때문이다. 우리가 사는 도시도 자연의 공간을 최대한 확보해 회복력을 갖춘 도시로 만들 수 있다. 국제 사회는 이런 방식을 '자연 기반 해법nature-based solution' 으로 규정한다. 기후 변화, 인간의 건강, 재난 위험 등 사회적이고 경제적인 발전 문제를 해결하면서 물리적이고 사회적인 회복력을 위한 생물 다양성 보전의 중요성을 강조하는 개념이다.

생물 다양성을 증진하려면 야생 생물 서식지로 쓰일 국립공원 등 보호 지역을 만들고 주변 산림과 하천, 습지를 보전해야 한다. 야생 생물을 위협하거나 교란하는 요인을 규제하고, 충분한 면적과 자연적 구조를 갖춘 서식 공간이 연결될 수 있는 서식지를 복원해야 한다. 필요에 따라 야생 생물 먹이 터를 만들어 먹이를 주고 유도 공간도 만들어 쉽게 이동할 수 있게 해야 한다. 특히 탄소 저장고로 확인된 논 습지와 갯벌을 보전해야 한다. 도시를 확장하고 공장을 짓는다며 습지를 메우면 탄소 저장고가 사라진다. 요즘 나무를 심어 탄소 흡수량을 늘리는 정책을 펴고 있지만 어린 나무를 심으려고 오래된 나무를 베지는 말아야 한다. 많은 나무를 심는 일보다 나뭇가지와 잎을 많이 달릴 수 있게 하는 관리가 더 중요하다.

기후 위기를 극복하고 사람과 자연이 공생하려면 많은 시민이 도시 녹지를 보전하고 생명을 지키는 운동에 동참해야 한다. 일상에서 만나는 평범한 생명을 돌보고 아끼는 생명 공동체 문화가 확대돼야 한다. 저 멀리 사는 북극곰의 눈물뿐 아니라 내 집 앞에서 무자비하게 잘려 나가는 가로수, 갈 곳 잃어 헤매는 새와 개구리에 마음을 주고 친구가 돼야 한다. 생태 감수성과 실천 행동이 필요하다.

2021년 7월 6일

시작하자,
고기 안 먹는 월요일

김기현

1992년 겨울 저녁, 정농회 임원인 농민을 만나러 의정부역에서 버스를 타고 양주로 가는 길이었다. 해 질 녘 어슴푸레 저물기 시작하는 길가에 거대한 양계장이 불을 환히 밝히고 있었다. 먹을거리 문제에 막 눈을 뜨기 시작한 때라 밤새 불을 켜놓은 양계장에서 끊임없이 무정란을 생산하는 암탉을 생각하니 마음이 불편했다.

양계장과 오골계

목적지에 도착해 버스 정류장에서 내려 땅거미가 깔린 오솔길을 걸었다. 살짝 내린 흰 눈에 속에서 뭔가 낯선 소리가 나고 검은 물체가 오르락내리락하는 모습이 보였다. 가까이 다가가니 지붕 뚫린 농가 마당에 나무로 세운 닭장에서 오골계 20여 마리가 소리를 내며 이리 뛰고 저리 뛰거나 지붕 높이로 날아다니고 있었다. 도로변에 이어진 양계장 불빛, 길가에 깔린 하얀 눈, 여기저기 날아다니는 오골계는 대조적이었다. 오골계를 보면서 느낀 자유로움, 오래전 일이지만 아직도 생생하다.

다른 생명을 먹는다는 것

귀한 손님이 왔다고 오골계를 잡아서 나도 같이 먹었다. 오래전 소박한 삶을 기록한 한 작가가 쓴 글 중 인상적인 내용이 있다. 가족이 병아리를 길러 다 큰 닭을 잡아먹는 부분이었다.

인간은 잡식 동물이고, 채식과 육식을 오가는 유연성이 현재의 인간을 만들기도 했다. 과거의 축산은 한 생명체를 낳고 기르고 먹는 자연스러운 순환을 존중하는 반면 현대식 공장식 축산은 효율성과 이윤만 추구한다. 삶을 목적으로 하는 생명이 아니라 죽음을 목적으로 하는 고기를 양산하고 있다.

공장식 축산이라는 극한 환경에서 동물들은 좌절과 분노, 무기력을 느끼며, 나빠진 건강은 항생제와 성장 호르몬으로 유지된다. 이렇게 자란 동물로 만든 고기는 그 고기를 먹는 인간에게 또 다른 건강 문제를 일으킨다. 임종한 인하대학교 교수는 신체 활동이 부족한 상태에서 고칼로리 식품인 고기를 많이 먹어서 고혈압과 당뇨가 증가하고 있다고 경고한다. 한국 사람의 췌장에서 나오는 인슐린은 서구인보다 적어서 당뇨가 발생할 위험이 서구인보다 높다. 고칼로리 식품인 고기를 과잉 섭취하는 반면 신체 활동은 줄어든 도시 생활이 인간의 건강을 위협한다고 말한다.

탄소 배출의 15퍼센트를 차지하는 육식

'캘리포니아 주 데스밸리 6월 9일 기온 54.4도', '러시아 모스크바 34.8도로 120년 만에 가장 더운 6월', '산타 마을이 있는 핀란드 가장 북쪽에 위치한 라플란드의 기온 33.6도(여름철 평균 기온 10도)', '중국 쓰촨성 집중 호우로 72만 명이 집을 잃음', '서유럽, 물 폭탄에 100명 이상 숨져'. 이런 뉴스를 보면 지구촌 전체가 극심한 기후 변화를 매일 새롭게 경험하는 중이라는 사실을 알 수 있다.

폴 호컨은 육식이 기후 변화를 일으키는 주범의 하나라고 말한다. "소와 같은 반추 동물은 배출량이 가장 많은 가축으로 음식을 소화하면서 강력한 온실 가스인 메탄을 발생시킨다. …… 소를 하나의 국가로 친다면 세계 3위의 온실가스 배출국으로 기록될 것이다."

고기 안 먹는 월요일은 2003년 미국에서 시작된 '환경'과 '건강'을 위한 시민 운동으로, 한 주의 첫날인 월요일을 '고기 안 먹는 날'로 정해 실천한다. 2009년에 인기 스타 폴 매카트니가 적극 참여하면서 전세계에 확산했다. 부천YMCA도 8월부터 '고기 안 먹는 월요일' 캠페인을 시작한다. '고기 없는 월요일'이라고 부르는 사례가 많지만, 부천YMCA는 더 적극적인 의미를 담아 '고기 안 먹는 월요일'로 부른다.

2021년 7월 17일

도시 숲이 보내는 편지

최진우

저는 거리에서, 아파트에서, 학교에서, 공원에서 묵묵하게 살아가는 나무입니다. 우리는 '아낌없이 주는 나무'랍니다. 사람들 마음을 평안을 주고, 무더운 여름에는 그늘을 드리워 시원하게 해줍니다. 자동차 많은 도로에서는 소음을 줄이고 미세먼지 등 대기 오염 물질을 막습니다. 사람들은 우리도 엄연한 생명이라는 사실을 잊습니다. 우리는 도시에서 사람들뿐 아니라 새와 곤충들하고 더불어 살아가는 '도시 숲'입니다.

간혹 연세 많은 어르신 나무도 있지만, 대개 서른에서 마흔 살이 된 우리는 지금까지 지나친 가지치기와 무분별한 벌목 때문에 위험에 빠져 있습니다. 상가 간판을 가린다고, 전선을 보호한다고, 열매가 떨어진다고, 냄새가 불쾌하다고 우리를 무자비하게 자릅니다. 더욱이 너무 커서 쓰러질지도 모른다고, 도로를 넓힌다고, 건물을 더 크게 짓는다고 우리를 마구 베어냅니다. 우리는 그저 '아낌없이 주는 나무'가 아닙니다.

사람들은 필요해서 우리를 심어놓고 제대로 살아갈 환경을 주지는 않습니다. 좁은 공간에 뿌리를 내리고 나뭇가지를 펼치기가 무척 힘듭니다. 대기 오염과 폭염도 막고 탄소도 흡수하려면 건강해야 하고 나뭇가지와 잎이 많이 달려야 하는데, 우리들은 해마다 가혹하게 잘리고 있습니다.

사람들은 나무와 숲을 좋아한다면서 왜 우리를 학대하고 멸시할까요. 공무원들은 나뭇가지를 강하게 잘라달라는 민원이 많아 어쩔 수 없다고 합니다. 우리한테 혜택을 받으면서도 자기 집과 가게 앞에 있는 나무가 크게 자라면 불편하다는 몇몇 사람의 위선과 탐욕 때문입니다. 동네 나무들이 수난을 당해도 애써 외면한 많은 사람들의 무관심 때문입니다. 싸그리 없애고 개발하는 토건 개발 방식에 물든 인간 의식 때문입니다.

우리는 닭발 나무도 아니고 몽둥이 나무도 아닌데 사람들은 우리가 잘 살아 있다고 오해합니다. 우리의 건강과 생리에 무지한 탓입니다. 나무를 관리하는 공무원과 기술자들의 자기 합리화 때문에 잘못 알려진 사실이 많습니다. 마구 잘라도 끄떡없는 나무는 없습니다. 많은 사람이 올해 들어 지나친 가지치기가 늘어나고 있다고 말합니다. 사실이 아닙니다. 모가지를 치는 강전정, 나무를 전봇대로 만드는 이 잘못된 관행은 오래됐습니다. 이제야 사람들이 알아채기 시작한 겁니다. 우리는 본래 모습으로 온전하고 살고 싶습니다. 풍성하게 자란 우리를 제발 함부로 자르지 마세요.

한국 사람들은 잘 모르지만, 가지를 25퍼센트 넘게 자르면

스트레스를 이겨내기 어려워 나무 건강에 치명적입니다. 나뭇잎이 많고 나무가 건강해야 나무가 주는 아낌없는 혜택을 누릴 수 있습니다. 미국국가표준협회와 국제수목관리학회는 가지의 25퍼센트 이내로 가지치기를 제한합니다. 지나친 가지치기 때문에 잘린 면이 썩기 시작하면 균이 스며들어 점차 나무속까지 까맣게 썩게 됩니다. 나무속이 흙처럼 부스러지면 갑자기 쓰러질 수도 있어서 위험합니다.

잘못된 관리 때문에 위험에 빠진 나무는 인명과 재산에 피해를 줄 수 있는 '위험목'으로 지목돼 베어집니다. 학대받는 우리를 바라보는 시민들도 마음이 꽤 불편해졌습니다. 일상이 된 나무 자르기는 아이들의 생명 감수성을 해칩니다. 큰 나무를 스스럼없이 베어내는 모습은 몰인정과 야만성을 드러냅니다. 우리의 몸집과 흔적만 사라지지는 않습니다. 우리가 그 장소에서 오랫동안 만든 도시 경관, 함께 지낸 많은 사람들하고 나눈 상호 관계, 수십 년간 쌓인 추억도 한꺼번에 사라집니다.

선진국은 지나친 가지치기를 금지합니다. 심은 나무를 건강하게 잘 자라게 관리해서 나무에서 얻을 수 있는 혜택을 늘리려고 '나무의 수관층 면적 및 부피의 총량Urban Tree Canopy 지표'를 사용합니다. 영국 런던은 이 지표를 현재 21.9퍼센트에서 30퍼센트로 높이는 목표를 세웠습니다. 잎을 달고 있는 나무의 총량이 절대적으로 많아야 한다는 뜻입니다.

미국 뉴욕에는 도심 가로수 온라인 지도가 있습니다. 도시 숲을 탐색하고, 정보를 검색하고, 가로수 한 그루마다 생물학적 정보와 관리 현황, 생태적 혜택을 알려주는 지도입니다. 내 나무를 등록해 여러 활동을 기록하고 관련 내용을 공유할 수도 있습니다. 단순한 안내 지도가 아니라 시민들이 함께 나무를 키우며 교류하고 소통하는 구실을 합니다.

우리는 사람들 곁에서 온전하게 살고 싶습니다. 우리는 인간의 그릇된 탐욕과 무지를 깨우쳐주려 저항에 나섰습니다. 그동안 우리의 아픔과 외침이 외면받았는데, 요즘 우리에게 다가서는 사람들이 생겨나고 있습니다. 우리의 저항에 공감하고 연대한 결과로 덕수궁 플라타너스 가로수들은 베어질 운명을 피해 존엄하게 살아가고 있습니다. 마포구 성미산 아카시나무도 귀한 대접을 받고 있습니다. 학교와 상가에서 자라는 나무들도 새로운 삶을 기대하고 있습니다. 재개발 공사 현장에서도 우리를 남기고 기억할 방법을 고민하는 사람이 늘어나고 있습니다.

우리는 사람들이 문밖을 나서면 가장 먼저 만나는 자연물입니다. 자연과 인간이 공생하는 도시를 만드는 일은 동네의 나무와 숲을 아끼고 보살피는 시민의 마음과 행동에서 시작됩니다. 사실 그 마음과 행동이 없이는 저 멀리 있는 북극곰을 살릴 수 없고, 설악산 산양과 지리산 반달가슴곰을 지킬 수 없습니다. 탐욕과 무지에 저항하는 도시 숲하고 연대해야 합니다. 그래야 기후 위기 시대에 자연하고 공생하며 살아갈 마을 공동체의 생태 민주주의 역량을 키울 수 있습니다.

2021년 8월 3일

교통 혁명의
미래

주성돈

1950년대에 상업용 항공기가 등장한 뒤 운송 수단은 큰 변화가 없었다. 자동차, 선박, 기차, 비행기, 자전거도 기능이 좋아지지만 본질은 바뀌지 않았다. 이제 상황이 바뀌었다. 자동화, 자동차 전기화, 공유 경제, 쇼핑 등으로 운송 분야가 극적으로 바뀌고 있기 때문이다. 물리적 영역과 디지털 영역이 이미 교차하기 시작하고 있다. 앞으로 10년 동안 교통수단은 환경 오염과 교통 혼잡에 대처하며 재생 에너지를 활용한 새로운 발명품으로 혁명을 일으킬 수 있다.

교통이 변해야 하는 이유

교통수단은 사회를 변화시키고 경제적 가능성을 넓힐 수 있었다. 환경 오염과 도시 혼잡을 일으켜 지구와 인간의 건강과 행복을 해치기도 했다. 그런 바탕 위에서 새로운 교통 혁명이 이미 시작됐다. 카 셰어링, 전기 자동차, 전기 스쿠터, 드론, 자율 주행 열차 등이 2030년까지 엄청 늘어날 듯하다. 바이오가스와 수소 같은 재생 에너지원이 화석 연료를 대체한다. 전기 배터리도 혁신을 이끌 가능성이 많다. 바이오가스는 수소 전환에 디딤돌이 되는 중화물 차량HGV에 쓸 수 있다. 수소는 이상적인 연료이지만 수송에 쓸 수 있는 형태로 만드는 문제가 남아 있다.

화물 부문도 전기화하고 있다. 베엠베, 벤츠, 테슬라 등 자동차 제조업체는 최근 프로토 타입 전기 중화물 차량을 발표했다. 로봇이 항공 화물을 처리하기도 한다. 국제 물류 회사인 디에이치엘DHL은 2021년 싱가포르에 아시아태평양 혁신센터를 만들었다. 자동화한 로봇의 화물 처리 능력은 육체노동자에 견줘 품목 분류는 6배 빠르고 처리 능력은 3배 더 크다고 한다.

자율 주행 자동차와 인공 지능

자동화는 인건비를 절약할 수 있다. 자동화 덕분에 접근성과 경제성이 높아지면 노인이나 장애인이 이동하기 쉬워진다. 자율 주행 열차도 인건비 절감 효과가 크다. 열차는 추가 편성될 때마다 인건비가 늘지만 자율 주행 열차는 그렇지 않다.

새로운 수단이 나타날 때마다 이동 시간은 줄고 이동 거리는 길어졌다. 완전 자율 주행 차량은 무분별한 도시 확장을 억제할 수 있다. 자율 주행 버스는 운행 비용이 많이 드는 농촌에 적당하다. 소형 배달 차량이나 드로이드는 도로와 보행자 구역에서 모두 사용할 수 있다. 인력과 도로 공간이 필요해서 인구 밀도가 낮은 교외 지역에 적합하다.

인공 지능 소프트웨어는 도시 교통 시스템을 제어해 교통 흐름을 원활하게 해서 교통 혼잡과 사고를 크게 줄일 수 있다. 자율 주행 선박도 인공 지능을 이용해 최적화된 경로를 계산해 속도를 높일 수 있다. 이런 수단을 더 많이 사용하려면 비용이나 소음 규제 등 넘어야 할 장벽이 있지만 말이다.

이동성의 미래

무인 항공기나 드론은 고가의 경량 소포나 배송이 급한 품목에 적합하다. 드론은 비교적 작아 도시 곳곳에 착륙할 수 있다. 아마존은 드론 배송 실험을 했다. 테슬라의 일론 머스크는 진공 튜브에서 음속을 넘는 속도로 차량을 이동시키는 '하이퍼루프hyperloop' 시스템에 관심이 있다. 버진 항공사도 2030년까지 버진 하이퍼루프를 추진하기로 했다. 런던에서 에든버러까지 45분 만에, 뉴욕에서 워싱턴 디시까지 30분 만에 갈 수 있다.

팬데믹으로 큰 타격을 받은 항공 산업은 연료를 합성 제트 연료나 수소로 대체한 미래형 엔진을 설계하고 있다. 영국 정부는 완전 전기식 단거리 항공기, 드론 배송, 자율 비행 기술 등 친환경 비행 기법을 개발하는 퓨처 플라이트 챌린지에 1억 2500만 파운드를 투자한다. 교통수단이 어떻게 발전할지 불확실하지만, 물리적 디지털 인프라가 혁신되는 추세를 고려하면 지금은 교통 혁명이 변화하는 시기가 분명하다.

2021년 8월 23일

나부터
기후 혁명

임종한

지구 온난화 피해가 속출하고 있다. 초대형 태풍과 쓰나미 등 자연재해가 해가 갈수록 증가하고 피해 규모도 커진다. 극심한 폭염에 따른 사망자가 온대 국가에 곳곳에서 보고되고 있다. 평균 기온이 1.5도 오르는 시점이 2050년에서 2040년으로 10년 앞당겨졌다. 우리의 운명, 지구의 운명을 좌우할 시기가 바로 코앞에 닥치고 있다.

의사가 보는 기후 변화

이상 고온이 계속되면 65세가 넘는 사람들은 치명적인 영향을 받는다. 어린이와 유아들은 고온 관련 사망 위험이 높아진다. 사회경제적 지위가 낮은 사람들은 주거 환경이 나쁘고 에어컨이 없어 고온 관련 사망에 더 취약하다.

　1994년에 35도 이상 고온이 보름 넘게 이어졌다. 선풍기와 에어컨이 동나는 소동도 벌어졌다. 무더위 여파로 1994년 서울의 사망자 수가 평년보다 950명 이상 늘었다. 2003년 프랑스에서는 한여름 무더위로 1만 5000명이 사망했다. 지구 온난화로 인간의 생명은 물론 생태계도 급격하게 헝클어지고 있다는 증거가 점점 더 드러나고 있다.

지구 온난화에 따른 기후 변화는 전 지구적 현상이지만 한국은 가장 피해가 크다고 예상되는 지역이다. 거대 대륙인 아시아와 거대 대양인 태평양 사이에 놓인 탓에 태풍, 장마, 가뭄, 황사, 한파 등 기상 현상이 해마다 발생한다.

한국은 세계 최대 온실가스 배출국인 중국에 아주 가깝다. 중위도 공기는 지구 자전 방향을 따라 서쪽에서 동쪽으로 흐른다. 기후 변화의 피해가 한국에 가장 먼저 닥칠 수밖에 없다. 대안을 찾아 즉각 행동에 옮겨야 한다. 2030년까지 온실가스 배출량을 50퍼센트 줄이는 정책을 각국 정부에 강하게 요구해야 한다. 온난화 문제는 지금 당장 나서야 피해를 최소화할 수 있는 매우 시급한 사안이다. 먼 미래의 시나리오가 아니다.

숨 가쁘게 뛰어온 한국 사회가 고도성장에서 저성장 사회로, 완전 고용 사회에서 청년 실업 사회로 바뀌며 경제적 침체를 겪고 있다. 고령화, 의료비 등 사회보장 비용 증가, 양극화, 환경 오염 예방 비용 증가, 오염 복구 비용 증가 등이 성장을 가로막고 있다.

혼자만 건강하면 소용없어

예전에는 건강 문제가 영양 부족이나 경제적 어려움 때문에 병원을 제때 이용하지 못해 생겼지만, 요즘은 산업화와 도시화에서 비롯된 요인 때문에 생긴다. 산업화와 도시화 속에 서구화된 식습관, 운동 부족, 평균 수명 증가 등 생활 습관이 변화하면서 만성 퇴행성 질환인 성인병이 급속히 늘었다. 이런 질환에 대비하려면 일하는 현장에서 지속적으로 건강 상태를 파악하고, 생활 양식을 재검토하고, 일상적으로 보건 활동을 해야 한다. 지역 사회에서 일차 의료와 예방 관리를 통해 질병을 예방하고 질병을 조기 발견해 치료하는 의료 체계를 갖춰야 한다.

만성 질환과 노령 인구 증가에 따른 질병 예방과 예방 체계 구축도 중요하다. 육류 등 고칼로리 음식이나 냉동식품은 생산, 유통, 가공 과정에서 에너지를 많이 소비한다. 육류 섭취를 줄이고 식물 섭취를 늘려야 한다. 교통수단도 자전거와 걷기 등 에너지 소비가 적은 쪽을 선택해야 한다. 생산과 소비 방식, 생활 습관이 기후 위기에 큰 영향을 미친다. 이런 것들이 바뀌어야 기후 위기를 막고 건강할 수 있다. 그 변화는 나부터 시작해야 한다.

2021년 8월 31일

도시주의와
행복 추구

주성돈

도시는 더 나은 직업, 더 많은 기회, 다양한 공동체를 찾는 사람들에게 매력적이다. 더 많은 행복과 엔터테인먼트를 갈망하는 사람들을 유인하는 생활 공간이다. 도시는 창의성과 혁신의 원천이다. 에드워드 글레이저Edward Glaeser는 '도시는 인간의 가장 위대한 발명품'이며 전세계 경제의 동력원이라고 말했다.

2050년까지 25억 명이 도시로 이동

사람들은 행복해지려고 도시로 이주할까? 단지 필요에 따라 도시로 이주할까? 도시 거주자의 행복에 기여하는 도시 생활의 요소는 무엇일까?

　캐나다 출신의 작가이자 도시학자인 찰스 몽고메리는 《우리는 도시에서 행복한가》에서 '도시는 행복 프로젝트'라고 정의했다. 도시는 필요에 따라 계속 진화하고 적응한다. 글로벌 도시는 도시 생활 전반에 관한 시민들의 인식과 만족도를 정량화하고 이해하려 끊임없이 시도했다. 1971년 부탄은 국민총생산^{GDP}보다 국민의 행복감을 측정하는 '국민총행복^{GNH}'이 더 중요하다고 봤다. 국민총행복은 국가의 집단적 행복을 측정하는 동시에 정부 부처의 거버넌스를 평가하는 기준이 됐다. 2012년 유엔 총회는 정부가 국민의 행복을 증진하려 노력해야 한다는 결의안을 채택했다. 중앙 정부만이 아니라 여러 도시도 도시총행복을 모니터링하기 시작했다.

행복에 관심을 가지는 도시들

행복에 관한 인식이 점차 높아지고 있다. 오늘날 삶의 만족도는 교육, 소득, 시민 참여보다 더 중요하다. 도시들은 고학력 노동자와 대기업을 유치하려 경쟁한다. 행복은 삶의 질에 관한 주관적 척도이지만 행복한 도시는 살기 좋은 곳이기도 하다. 또한 행복도가 높을수록 건강이 좋아지고 생산성이 높아져 의료비 지출은 줄고 경제적 성과가 좋아진다.

여러 나라가 유엔 〈세계행복보고서〉나 갤럽-셰어 케어 웰빙 지수 같은 평가 방법을 적용한다. 미국은 도시 수준에서 경제적 기회, 교통, 기반 시설, 주택, 안전, 의료 서비스, 환경, 사회적 자본, 교육의 가용성을 기반으로 일반적인 행복을 측정한다.

대중교통, 즐길거리, 도시 기반 시설, 의료 시설, 저렴한 주택 등을 제공해 자녀를 키우기 좋은 도시가 행복한 도시다. 안전하고 깨끗한 환경과 편안한 만남의 공간은 사회적 결속과 신뢰를 높여 행복에 긍정적인 영향을 미친다. 반면 교통이 혼잡하고 인구밀도가 높은 곳은 평균적으로 덜 행복하다. 많은 사람이 통근을 하루 중 최악의 활동 중 하나로 여기기 때문이다. 도시 환경은 도시인의 행복에 긍정적인 영향을 미칠 수 있다. 그러나 잘못 계획된 도시는 사람들을 불행하게 만들 수 있다.

모든 도시에 맞는 '행복 정책'이란 없다. 따라서 도시 정부는 지속 가능한 시민 행복 도시를 만들려 노력해야 한다. 회복 탄력성을 갖춘 도시, 소비자가 아닌 시민의 도시, 큰 비용이나 시간을 들이지 않고 집 앞에서 문화, 예술, 경제 활동 등 삶의 다양한 요소를 누릴 수 있어야 한다. 도시총행복이 매우 중요한 상황에서 도시 전문가들은 지속적으로 행복 모니터링을 하고 더 나은 세상을 만들기 위한 도전에 나서야 한다.

이 모든 요소가 중요하지만, 〈세계행복보고서〉는 사회적 기반과 인간관계가 장수나 돈보다 행복에 더 긍정적인 영향을 미친다고 지적한다. 결국 도시 행복의 가장 보편적인 동인은 직업이나 소득이 아니다. 행복한 도시는 자기 행복, 소속감, 상호 작용에 달려 있다. 도시주의자, 계획가, 건축가, 도시 경영자들은 도시를 공유지로 여기게 해주는 매력적 요소를 알고 있다. 이를테면 광장이나 공원, 만남의 장소는 새로운 사람을 만나 상호 작용할 기회를 주고 공간에 관한 공동 소유권을 줄 수 있다. 참여는 공동의 목적을 더욱 단단하게 느끼게 해준다.

결국 더 많은 사회적 투자는 더 안전한 도시 환경으로 이어진다. 기차와 버스, 자전거 공유, 전기 킥보드 등 다양한 이동 수단은 군중 속 고립감을 없앤다. 보행자 친화적 거리는 활동적 생활 방식과 더 많은 대면 상호 작용을 일으켜 행복을 향상시킬 수 있다.

녹색 시설은 도시 거리와 건물의 딱딱한 이미지하고 다른 느낌을 줄 수 있다. 신선한 식품, 도시 농업, 공동체 정원은 시민들에게 사회적 자본을 구축할 수 있는 기회를 준다. 그러나 도시의 건강에 다양성보나 더 중요한 것은 없다. 인구, 주거 기회, 고용 기회에서 말이다. 다양성은 사회적으로 지속 가능한 도시의 초석이 된다.

행복한 도시의 조건

콜롬비아 보고타의 엔리케 페날로사 시장은 '행복 자체는 모든 사람이 평등하게 접근해야 하는 공유지'라고 말한다. 소득의 평등보다 삶의 질의 평등이 더 중요하고, 자기가 열등하다고 느끼지 않는 환경, 따돌림을 당한 느낌을 받지 않는 환경이 행복한 도시의 요소라는 것이다. 도시는 접근 가능한 이동성, 사회적 공간, 강력한 공공 영역 같은 공유 자원을 중심으로 재구성될 수 있다. 더 행복한 도시를 만들 핵심 요소들이다.

2021년 7월 27일

건강하고 행복한 도시를 위한 6가지 원칙

주성돈

도시의 환경 요인은 시민의 신체 건강과 정신 건강에 영향을 미치지만 시민 건강을 염두에 두고 도시를 설계하지는 않았다. 요즘에는 코로나를 거치며 여러 분야 전문가들이 건강과 도시 환경의 관계에 관심을 보이기 시작했다. 포스트 코로나 시대를 대비해 감염병과 도시 환경의 상호 관계를 고민하고, 도시와 시민의 건강을 향상시킬 도시 계획 등을 모색해야 하는 시점이다. 도시의 삶을 개선하기 위한 6가지 원칙을 소개한다.

녹색 친화 도시

도시 녹지는 사치나 특권이 아니다. 도시 생태계를 구성하는 공공재다. 모든 사람이 녹색 공간에 접근할 수 있게 자연 친화형 숲을 조성해야 한다. 녹지 공간은 건강하고 행복한 도시 인프라가 되고, 녹지 덕분에 깨끗해진 공기는 시민의 행복과 인지 기능을 향상시킬 수 있다.

어린이 친화 도시

도시는 어린이를 고려해 설계되지 않았다. 복잡한 도로, 대기오염, 미로 같은 거리 등은 어린이를 위협한다. 놀이터만 만든다고 끝이 아니다. 아이들이 언제든 갈 수 있는 안전하고 개방된 공간을 곳곳에 만들어야 한다. 미국은 매일 어린이 500명이 교통사고로 사망하고 수천 명이 크게 다치거나 정신적 피해를 입는다. 이스라엘 텔아비브는 아이들이 장난감을 빌릴 수 있는 장난감 창고를 거리 곳곳에 만들었다. 도시를 디자인하는 과정에 어린이를 참여시키기도 했다. 캐나다 해밀턴의 도시 정책가들은 아이들에게 카메라를 주고 놀고 싶은 곳을 촬영하라고 한 뒤 아이들이 찾은 장소를 놀이 공간으로 바꿨다.

여성 친화 도시

도시 계획은 남성이 주도할 때가 많아서 여성이 소외될 가능성이 크다. 영국 여성의 60퍼센트 정도는 공공장소가 안전하지 않다고 느끼며, 도시보다 시골에서 더 많은 여성이 공포를 경험한다. 여성들은 안전 문제뿐 아니라 대중교통 때문에 많은 불편을 느낀다. 오스트리아 빈에서 교통 환경을 조사해보니 남성은 출퇴근만 한다고 응답한 반면 여성은 자녀를 학교에 데려다주고, 식료품 쇼핑을 하고, 가족을 돌보고, 일을 했다. 여성이 남성보다 도보와 대중교통을 비롯해 교통수단을 자주 활용하는 현실을 고려해 유아차를 이용하기 쉽게 도로를 포장하고, 경사로를 정비하고, 대중교통을 확충했다. 캐나다 토론토는 여성이 집에서 훨씬 더 가까운 곳에서 버스를 내릴 수 있는 '정차 요청 시스템'을 구축했다.

건강 친화 도시

도시 거주자는 우울증, 불안, 조현병에 시달릴 위험이 매우 높다. 도시 공간의 특성과 삶의 속도가 스트레스와 불안을 증폭시키기 때문이다. 지자체가 나서서 다양한 주체들이 협력하도록 파트너십을 독려해야 한다. 미국 뉴욕 시는 성인 5명 중 1명이 정신 건강 문제를 겪고 있으며 총기 사고와 강력 범죄가 정신 질환이나 사회적 고립에서 비롯된다는 조사 결과에 따라 정책 대응을 강화하고 있다. 콜로라도 주 덴버 시는 시민들이 도시를 이동하는 동안 고민과 걱정을 털어놓을 수 있는 '공개 고백 부스'를 설치했다. 오스트레일리아 멜버른은 유치원과 요양원을 통합해 노인들이 아이들을 가르치는 공간으로 만들었다.

안전 친화 도시

범죄는 피해자를 넘어 시민들 전체에 영향을 미친다. 범죄 수준이 높다는 인식은 우울증을 일으키고 정신 건강에 해롭다. 어두침침한 가로등만 바꿔도 범죄가 크게 줄어든다. 오스트레일리아에서 나이트클럽이 자리한 번화가의 교통망을 개선해 쉽게 귀가할 수 있게 하자 밤새 술에 취해 파티를 즐기는 사람이 줄고 폭력도 잦아들었다. 안전에 취약한 공공 시설물을 바꾸면 우발적 범죄도 막을 수 있다.

활동 친화 도시

운동은 비만 감소와 우울증 퇴치에 도움이 된다. 많은 도시가 운동하기 쉬운 도시 설계에 관심을 두지 않아서 대기 오염이 심하고 운동할 수 있는 공간은 부족하다. 가벼운 트레킹을 할 수 있는 산책로와 공원, 도시 숲을 만들면 신체 활동이 부족한 시민들도 운동을 쉽게 할 수 있다. 살기 좋은 도시들은 공통점이 있다. 안전하고 녹색 공간이 풍부한 공공장소를 늘리려 노력한다. 세계가 도시화되고 도시가 엄청난 속도로 성장하는 지금, 도시 공무원들은 지속 가능하고 더 살기 좋은 도시 환경을 갖추기 위해 좀더 유연한 사고를 해야 한다.

2021년 9월 28일

아픈 나무
아픈 마음

최진우

장덕천 부천시장은 2018년 10월 11일 '부천시장 시민과의 대화'에서 강전정을 하지 않겠다고 약속했다. 그러나 2021년 부천 시민이 가장 아끼고 자랑스러워하는 중앙공원 느티나무 가로수가 볼썽사납게 잘렸다.

몽둥이 나무, 닭발 가로수는 안 된다

올해 들어 '무자비한 가지치기'나 '닭발 가로수' 등이 화제에 올랐다. 지나친 가지치기는 부천뿐 아니라 전국에서 벌어지는데 이제야 주목받기 시작했다. 큰 나무를 스스럼없이 베는 관행은 나무라는 생명을 대하는 인간의 야만성을 드러낸다. 학대받는 나무를 보는 시민들도 마음이 불편하다. 나무를 함부로 자르지 않고 잘 관리하면 시민에게 돌아올 혜택도 많다. 나무의 존엄성을 보장하고, 고유한 성장 방식과 특색을 배려해야 한다.

지자체마다 가로수 관련 조례와 기본 계획이 있지만 민원

앞에는 소용이 없다. '나무가 온전하면 좋겠다, 마음이 아프다'고 느끼는 다수는 침묵하는 반면 나무를 잘라달라는 소수는 강하게 말한다. 나무와 숲은 좋지만 내 집 앞과 내 가게 앞 나무가 크게 자라면 불편하다는 위선과 탐욕이다. 싹 없애고 새로 시작하는 토건 개발 방식이고, 자연과 생명체를 존중하지 못하는 우리 사회의 자화상이다. 그동안 나무를 자르고 베는 일이 부당하다고 생각하는 시민들은 앞으로 나서지 않았다. 이제는 달라져야 한다는 목소리가 여기저기서 커지고 있다.

닭발 나무와 몽둥이 나무를 일상적으로 본 우리는 저렇게 해도 나무가 잘산다고 오해한다. 나무를 관리하는 공무원과 기술자들이 합리화한 논리가 잘못 알려진 탓이다. 강전정을 해도 끄떡없는 나무는 없다. 가지를 25퍼센트 이상 자르면 나무는 스트레스를 받아 건강에 치명적이라고 한다. 잎이 많고 건강해야 나무도 우리에게 아낌없는 혜택을 줄 수 있다. 미국국가표준협회와 국제수목관리학회는 25퍼센트 이내로 가지치기를 제한하는데, 산림청 '가로수 조성 및 관리 규정'에는 관련 기준이 없다. 물론 처벌 규정 등 제재 수단도 없다.

서울시 마포구 녹지 보전 조례는 가로수를 비롯해 도로변 사유지 수목의 강한 가지치기(나뭇가지의 3분의 1 이상)를 금지한다. 그런데 마포구도 강전정을 한다. 마포구청에 물어보니 상위 법률에 규정이 없어 강제하지 못한다고 한다. 관행적으로 마구 자르지 않으면 이윤이 남지 않는 잘못된 품셈과 산업 구조도 문제다.

그나마 가로수는 시청과 자치구에서 관리하지만, 더 큰 문제는 아파트와 공개 공지에 심은 나무들이다. 이 나무들은 공적 기능을 수행하지만 법적으로 사유 재산이다. 풍성한 나무는 대기 오염과 미세 먼지를 막아주고 더운 여름에 시원한 그늘을 드리운다. 공동 주택에 녹지와 수목이 늘어나고 있는 만큼 사유지 나무도 공적 지원과 공동 관리 대상으로 삼아야 한다.

가치치기를 위한 여섯 가지 제안

무자비한 가지치기를 없앨 여섯 가지 개선 과제를 제안한다.

첫째, 바른 가지치기 안내서를 제작해 배포한다. 구조 전정, 클리닝, 복원 전정, 축소 전정 등 가지치기 기법을 다룬 구체적인 매뉴얼이 필요하다. 배전 선로 구간은 완전 절연 케이블을 확대해 강전정 문제를 근본적으로 해결해야 한다.

둘째, 지나친 가지치기를 근절할 법규를 마련한다. '도시숲 등의 조성 및 관리에 관한 법률'에는 지자체 승인을 받지 않고 하는 가지치기를 처벌하는 조항이 있다. 지자체 승인 관련 기준과 승인 과정을 시민이 감시하고 통제해야 한다. 사유지 나무도 '기준과 승인'을 도입해야 한다. 규제만 하려 하면 사유 재산 침해라며 저항할 수 있는 만큼 지자체도 적극적으로 관리하고 지원해야 한다.

셋째, 전문 기술자와 관리자를 양성하고 합리적인 용역 대가를 산정한다. 나무를 관리하는 모든 행위는 결국 현장 기술자의 손을 거친다. 가지치기 전문 기술 교육과 자격 제도를 운영해 숙련 기술자만 가지를 자를 수 있게 해야 한다. 나무 관리자가 악성 민원에 대응하고, 기술자를 활용하는 방법을 교육하고, 수형 관리 전문 컨설팅 프로그램도 운영해야 한다. 나무 고유 수형에 맞게 적정하고 세심하게 전정하는 방식에 예산이 제대로 쓰일 수 있게 품셈 기준을 개정하고, 합리적 예산 편성과 효율적 집행 방식을 검토한다.

넷째, 건강한 가로수를 위한 사전 예방적 관리를 실행한다. 위험한 나무를 제거하는 땜질 처방이 아니라 나무가 위험에 처한 근본 원인을 밝혀야 한다. 가로수 관리 이력 데이터베이스를 구축하고 정기적으로 수목을 진단하고 평가해야 한다. 잦은 강전정과 훼손 뿌리 복원 전정, 띠녹지 확대, 적지 적수 정책 등 대안을 마련해야 한다. 나무가 살아가는 토양도 중요하다. 최소 토양 요구량을 충족하고, 빗물이 잘 침투되도록 마운딩을 금지하고, 정상적인 뿌리 생육을 위해 방근대를 설치하고, 꽉 쪼이는 보호 덮개로 정비해야 한다.

다섯째, '수관층 면적과 부피의 총량Urban Tree Canopy 지표'에 기반한 시스템을 구축한다. 많은 나무 심기가 아니라 풍요로운 나무로 성장시키기로 목표를 바꿔야 한다. 이 지표는 잎을 달고 있는 나무의 총량이 많고 수관의 면적과 부피가 늘수록 높다. 나무를 건강하게 관리하면 나무에서 얻는 혜택도 늘어난다. 영국 런던은 이 지표를 21.9퍼센트에서 30퍼센트로 높이는 목표를 세웠다. 미국도 산림청이 개발한 아이트리i-Tree 프로그램을 활용해 가로수와 도시 숲의 생태계 서비스 효과를 계량화한다.

여섯째, 가로수와 도시 숲의 민관 공동 관리 시스템을 강화한다. 현행법상 가로수 가꾸기, 옮겨 심기, 제거나 바꿔 심기, 가지치기 등은 '도시 숲 등의 조성·관리 심의위원회'에서 결정한다. 30~40년 된 도시 나무를 관리할 방향을 둘러싼 갈등은 민관 협치 거버넌스를 구성하고 운영해 해결해야 한다.

뉴욕에는 온라인 가로수 지도가 있다. 나무 한 그루마다 생물학 정보와 관리 현황, 생태 혜택을 알려준다. '내 나무'를 등록해 자원 봉사 활동을 기록하고 공유할 수도 있다. 나무를 돌보면서 소통하는 플랫폼 덕택에 마을 공동체까지 활성화된다.

변화를 위한 시민들의 행동이 시작되었다

지난 6~7월 시민 참여 온라인 플랫폼 '민주주의 서울'에서 '강한 가지치기, 어쩔 수 없는 걸까요?'라는 제목으로 한 달 동안 시민 토론이 벌어졌다. 60명이 참여한 숙의 토론회도 열었다. 법제도와 시민 인식 개선에 관한 제안이 쏟아졌고, 시민 참여 프로그램도 주목받았다. 8월부터 서울시 마포구에서는 시민들이 가로수를 조사해 온라인 지도를 만들고 캠페인을 벌이는 '가로수학교 모니터링단'이 활동을 시작했다. 부천시도 9월부터 '미세 먼지 시민 정책가 양성 교육' 과정을 마련해 시민들이 가로수 모니터링을 할 예정이다. 미세 먼지를 줄이고 쾌적한 부천을 만드는 가로수를 건강하게 돌볼 따뜻한 관심과 공생하는 마음이 널리 퍼지기를 기대한다.

2021년 10월 5일

《성장의 한계》,
그 뒤 50년

김기현

대통령 직속 '2050 탄소중립위원회'가 이전보다 수치를 올린 2030년 국가 온실가스 감축 목표를 발표했다. 그런데 논란이 끊이지 않는다. 종교계는 위원회에서 탈퇴하고, 산업계는 목표가 너무 높다고 하고, 시민단체는 목표가 너무 낮다고 한다. 이해관계보다 지구와 인류 공동체의 관점에서 위기를 해결할 수 있을까? 물질적 욕망보다 삶의 품위가 중요한 사회를 만들 수 있을까? 각자도생보다 연대의 따뜻한 손을 맞잡을 수 있을까? 산업계와 시민단체가 갈등과 대립을 넘어 공동의 미래를 만들 수 있을까?

50년 뒤의 세계를 그리다

《성장의 한계》 개정판이 나왔다. 1972년, 로마 클럽 보고서《성장의 한계》가 처음 출간되자 성장이 곧 선이고 모든 문제의 해결책이라고 여기던 주류 학계는 사이비 과학이라며 거세게 공격했지만, 이제 이 책은 인류 사회의 전환을 앞당긴 현대의 고전으로 꼽힌다.

저자들은 출간 20주년과 30주년을 맞이할 때마다 처음 분석한 내용 중 핵심 부분을 다시 조명하고, 그동안 축적된 관련 데이터와 지식을 두루 훑어보며 수정하고 보완했다. 많은 자료와 과학적 예측을 담고 있지만, 가장 핵심적인 주장은 지구의 수용력과 인구와 인간 경제 사이의 관계다. 인구와 인간 경제를 지구의 수용력에 맞춰야 인류가 붕괴 위기를 벗어나 생존할 수 있다는 말이다.

새로운 관점 ─ 하나의 지구 체계

지역과 인종, 직업, 성별에 따라 삶과 사회의 조건과 가치가 다를 수밖에 없다. 우리 사회는 문제가 생길 때마다 경제적, 사회적, 문화적 해결책을 찾아왔다. 그렇지만 저자들은 지구를 인구, 경제, 환경을 구성하는 많은 요소들이 서로 연결된 하나의 지구 체계로 본다. 그리고 이 지구 체계는 제한적이다. 21세기 들어 지구가 견딜 수 있는 한계를 20퍼센트 넘어섰다.

지금은 자연스럽게 받아들여지는 생각이지만 1970년대에는 무척 낯설었다. 경제 성장과 발전이 가속화되며 대다수가 '경제 성장만이 인류의 삶을 개선한다'는 장밋빛 미래를 그릴 때 다른 미래를 예측한 지성의 힘은 놀라웠다.

인간의 생태 발자국을 줄이기 위해서는 무엇보다도 모든 사회가 자신들이 가장 먼저 개선해야 할 부분들을 고쳐나가는 것이 합리적이다. 남반부 국가에서 개선하기 가장 쉬운 부분은 인구(P)를 줄여나가는 것이고, 서방 국가들은 자신들이 누리는 풍요로움(A)을 조금씩 줄이기 위해 노력하고, 동유럽 국가들은 기술(T) 사용을 가장 먼저 개선할 필요가 있다. (207쪽)

상식적이고 단순해 보이지만 현실을 그렇게 바꾸려면 엄청난 결단과 노력이 필요하다. 폴 호컨이 《플랜 드로다운》에서 제시한 '기후 위기 해결을 위한 솔루션 80가지' 중 상위 10가지는 냉매 관리, 풍력 발전용 터빈, 음식물 쓰레기 최소화, 채식 위주 식단, 열대림 보호, 여학생 교육, 가족계획, 태양광 발전 단지, 임간 축산, 지붕형 태양광 발전이다. 《성장의 한계》와 《플랜 드로다운》이 제시한 과학적 대안은 비슷하다. 결국 우리가 그런 대안을 실현시킬 정치적, 경제적, 사회적 실천을 할 수 있느냐가 문제일 뿐이다.

특별한 정책 변동 없이 예전 방식대로 살아가면 이 세계는 어느 시점에 갑자기 붕괴가 시작되고 가속화된다. 저자들은 '기준 시나리오'라고 부른다. 결국 최상의 시나리오를 찾지만, 이 시나리오도 지구의 수용 가능성을 넘은 탓에 어느 시점에는 등락하다가 다시 안정된 곡선을 그린다.

인간의 어리석음과 지혜로움
인류 생존을 위협하는 기후 위기 시계는 착착 돌아가지만, 국가 지도자들이 한 약속은 '나토Not Action Talk Only·NATO'라는 비아냥 거림처럼 실천으로 이어지지 않았다. 깨어 있는 시민들은 제대로 된 분리 배출, 제로웨이스트, 햇빛협동조합 가입, 아파트 태양광 설치, 걷기, 자전거 타기, 채식 또는 육식 줄이기, 음식물 쓰레기 줄이기 등 많은 노력을 하지만 국가와 지자체의 개발 위주 정책, 돈만 좇아 신제품만 팔고 쓰레기 처리 비용은 사회에 떠넘기는 기업들을 보면 분노와 무력감을 느낀다. 그렇지만 인간은 어리석음과 지혜로움을 동시에 지닌 존재다. 양면 중 어느 축이 더 강하게 개인과 사회에 작동하느냐에 따라 미래는 결정된다. 지나치게 비관할 필요도, 낙관할 필요도 없다.

1972년 《성장의 한계》를 내고 50년이 흐른 지금, 우리는 깊이 있고 묵직하게 다가오는 지혜를 바탕으로 불확실하고 불안정한 미래를 헤쳐 나가야 한다. 만약 전환에 성공한다면 잔인하게 짓밟고 빼앗는 99퍼센트 대 1퍼센트의 자본주의 사회는 호혜, 협력, 연대에 바탕한 생명 존중 사회로 달라질 수 있다.

2021년 10월 19일

자연이 흡수하는
탄소를 늘리자

최진우

11월 1일 영국 글래스고에서 유엔 기후변화 협약 당사국 총회가 시작됐다. 2015년 파리 협약이 체결된 뒤 가장 중요한 기후 회의다. 2030년까지 전세계 온실가스 배출량에 관해 논의하는 자리다. 선진국이 개도국에 해마다 지원하는 기후 금융 1000억 달러, 국가 간 '자발적 협력'에 관련된 규범과 기준이 주요 어젠다. 화석 연료 시대를 종식하는 '탈석탄 선언'도 기대된다. 의장국인 영국이 정한 주제는 '행동과 연대 중요한 10년'이다.

온실가스, 2018년 대비 50퍼센트 이상 감축 목표

IPCC는 각 나라에 2030년 '국가 온실가스 감축 목표NDC'를 2018년 대비 50퍼센트 이상으로 권고했다. 한국은 2030년까지 온실가스를 2018년 배출량 대비 40퍼센트 감축하는 상향안을 최근 확정해서 국제 사회에 발표했다. 2020년 유엔에 제출한 안이 너무 낮아 이번에 목표를 올렸다. 그렇지만 이번 안도 불충분하다는 지적이 많다. 2018년과 2030년 각각 순배출량을 기준으로 하면 감축 목표는 40퍼센트가 아닌 36.4퍼센트다. 거기에다 흡수원, 국외 감축, 탄소 포집·저장·활용CCUS으로 2030년 총배출량의 14퍼센트에 육박하는 7000만 톤의 온실가스를 흡수해 제거할 수 있다고 발표해서 '불확실성'과 '책임 떠넘기기'라는 문제점을 안고 있기 때문이다.

2021년 상반기에 탄소 중립 이행 전략으로 포장된 산림청의 '30억 그루 나무 심기 사업' 등 대규모 벌채 사업이 뭇매를 맞았다. 원점 재검토를 전제로 민관협의회를 꾸려 사회적 협의를 진행했다. 흡수량 전망 산정 방식, 적절한 관리 방안, 활용할 수 있는 감축량까지 모든 부분에서 논쟁을 했다. 민관협의회는 모두베기를 하지 않고 벌기령(베어 쓰게 된 나무들의 나이)을 낮추지 않는 결정을 했지만, 탄소중립위원회는 이 결정에 무관하게 산림청이 제시한 흡수량 전망과 대책을 탄소 중립 시나리오에 반영했다. 화석 연료 사용을 줄이지 않고 온실가스를 흡수원으로 흡수하겠다는 접근은 시급성을 감춘다.

정부의 흡수원 확대 계획인 '산림 경영·숲가꾸기 사업'은 '30억 그루 나무 심기 사업'처럼 산림을 벌채하고 재조림한다. 인위적인 산림 경영으로 탄소를 2670만 톤 흡수하려면 그만큼 숲을 훼손할 수밖에 없다. '국외 감축' 방식인 개도국 산림 전용 방지REDD+ 사업도 자본주의 시장 원리에 맡기는 바람에 사업 설계가 미흡하고 운영도 부실하다.

탄소 흡수원 흡수 효율성에 몰두하는 정부

정부는 탄소 흡수원의 흡수 효율성에만 몰두한다. 관리되는 토지에 한정해 인위적으로 탄소 배출량과 흡수량을 산정하는 IPCC의 계산 방식에서 비롯된 결과다. 그러나 인위적으로 관리하지 않는 탄소 저장고를 보전하는 노력도 해야 한다. 무분별한 개발로 산림, 갯벌, 농경지, 하천 등 탄소 저장고 면적이 줄고 있다. 지금의 탄소 중립 전략은 목표를 수치상으로 달성해도 탄소 저장고가 줄고 있기 때문에 실제 대기 중 탄소 농도는 증가할 수밖에 없다.

숲이 자연스럽게 발달해 증가하는 탄소 저장량은 애써 무시한다. 천연림을 보전하고 계산에 넣어야 한다. 염습지로 복원한 갯벌이 아니라 갯벌 자체를 탄소 저장고로 보고 흡수량에 넣어야 갯벌을 보전할 수 있다. 관행 농법 논은 벼가 메탄을 많이 배출해 주요 탄소 배출원으로 계산한다. 농촌진흥청이 한 연구에 따르면 볏짚을 퇴비로 쓰면 1헥타르당 9.4~13톤의 탄소를 토양에 저장한다. 관행 농업을 재생 농업과 유기 농업으로 전환하면 토양의 유기 탄소 저장량을 늘릴 수 있다.

2015년 파리 협약에서 포퍼밀[4 per 1000] 이니셔티브도 발족했다. 포퍼밀은 매년 0.4퍼센트씩 토양 탄소 함량을 높여 기후 위기에 대응하는 민간 정부 협의체다. 토양을 적절히 관리해 농업 생산성과 생태 복원력을 높여 일자리를 만들고 소득을 늘리려 한다. 토양 탄소 축적량은 대기의 탄소 함량보다 2~3배 더 많아 토양 탄소를 조금만 높여도 탄소 중립에 충분히 기여한다.

생물 다양성 보전과 기후 변화의 공동 효과

요즘 화두인 자연 기반 해법^{nature based solution}은 생태계를 보호하고 지속 가능하게 관리해서 기후 변화, 식량, 물 재해, 건강 등 사회적 과제를 효과적으로 해결하는 방식이다. 파리 협약 5조는 산림을 포함한 온실가스 흡수원과 저장고를 적절히 보전하고 증진해야 한다고 규정한다. 생물 다양성 보전과 기후 변화 등 공동 효과를 내는 방안을 마련해야 한다는 말이다. 자연 기반 해법은 온실가스 배출량을 인위적으로 줄일 때만 효과적이며, 지연시키기만 하는 완화 조치를 사용하면 안 된다고 강조했다. 기후 변화와 생물 다양성 위기를 극복하고 지속 가능 발전 목표를 달성하려면 지금까지 시도한 적 없는 빠르고 폭넓은 조치가 필요하다.

숲을 땔감으로 여기는 산림 경영과 바이오매스 산업이 탄소 흡수원 대책의 핵심이 될 수 없다. 전지구적으로 육상과 해양의 보호 지역을 각각 30퍼센트로 확대하고, 문명 발달과 인간 활동으로 훼손된 숲, 강, 습지, 갯벌의 자연성과 야생성을 회복하는 사업을 추진해야 한다. 농지 토양의 생명력을 살리고 유기 탄소를 늘릴 유기 농업이 더 확대돼야 한다. 자연 기반 해법에 기반한 탄소 흡수원 전략은 탄소 저장고를 보전하고 야생 지역으로 복원해 토양을 살리고 생물 다양성을 증진하는 생태 문명 전환이어야 한다.

2021년 11월 2일

비인간 생물들이 내뱉는
절규가 들리나요

최진우

'희한한 박람회'가 열렸다. 배제되고 소외받는 비인간 존재들이 고통을 토로하는 슬픈 박람회였다. 생명다양성재단이 2021년 11월 30일부터 12월 5일까지 노원문화예술회관에서 열었다.

"사람들은 동물들을 좋아하던데 왜 우리를 학대하나요?"

"가만히 잘살던 우리 집에 왜 도로를 놓았나요?"

박람회장에 울리는 목소리에 귀를 기울이면서 인간이 야생 비인간 존재에게 저지르는 잘못을 돌아봤다(철새, 곰, 오랑우탄, 멧돼지 이야기는 박람회 자료를 조금 수정했다).

철새

철마다 다른 나라에서 오는 우리는 난민, 바이러스, 기생충처럼 환영받지 못한다. 사람들은 우리가 머무는 곳을 태연하게 파괴한다. 비가 많이 올 때마다 강물이 불어나 넘친다면서 강바닥을 뒤엎고 콘크리트로 강둑을 덮었다. 덤불이 무성하게 자라

더러워 보인다며 봄, 가을마다 예초기와 전기톱으로 싹싹 쓸어 내는 일은 예사다. 도로, 아파트, 상가를 강어귀에 가까이 붙여 짓고 강변과 강둑에 온갖 시설을 만든다. 안양천 하류를 철새 보호 구역으로 지정한다 해서 기대했는데, 우리가 돌아오는 계절에 강바닥을 파헤치고 있었다. 우리에게 관심이 많은 몇몇 사람이 저지하려 애썼다지만, 공사는 강행됐다. 강바닥에 있는 먹을거리와 우리를 숨겨주는 갈대숲은 온데간데없었다. 오라는 건지 말라는 건지, 살라는 건지 말라는 건지 알 수 없다.

곰

인간은 살아 있는 우리 몸에 고무호스를 꽂아 '웅담'이라며 쓸개즙을 빼 간다. 그때 겪는 고통은 끔찍하기 이를 데 없다. 인간이 쓸개즙을 마시며 건강을 챙기는 동안 우리는 좁고 더러운 사육장에서 흙도 못 밟고 음식물 쓰레기를 받아먹으며 일생을 보낸다. 갇힌 동료들은 대부분 정신 착란, 우울증, 정신 분열 같은 병을 앓는다. 반달가슴곰이 '민족의 조상'이라며 멸종 위기종으로 귀하게 여기면서 우리를 이렇게 대한다. 백두대간에 사는 형제들을 몰살한 일도 모자라 500여 해외 동포를 감금해 사육하는 만행을 저지른다. 아직 철창 속에 남은 형제들은 야생의 위엄을 잃고 학대와 고통에 찌들어 생을 이어간다.

가로수

거리에서, 아파트에서, 학교에서, 공원에서 묵묵히 살아가는 우리 나무들. 사람들은 필요해서 우리를 심어놓고 제대로 살아갈 여건을 주지 않는다. 좁은 공간에 뿌리를 내리고 가지를 펼치기가 무척 힘들다. 대기 오염과 폭염도 막고 탄소도 흡수하려면 나뭇가지와 잎이 많이 달려야 한다. 친구들은 매년 가혹하게 잘리고 베어진다. 사람들은 나무와 숲이 좋다면서 왜 이렇게 학대하고 멸시할까! 마구 잘라대도 잘산다고 오해한다. 본래 모습으로 온전하고 존엄하게 살고 싶다. 풍성하게 자란 우리를 함부로 자르지 마라. 시설이 아닌 생명으로 대하라.

오랑우탄

우리 집을 내버려둬라. 보르네오와 수마트라 열대 우림(비숲) 말이다. 한국인이라 상관없다고? 당신이 얼마나 많은 열대 우림을 파괴하는지 알려주겠다. 라면, 아이스크림, 과자를 먹거나 샴푸, 치약, 립스틱을 쓰나? 그럼 당신은 앉아서 비숲을 불태우고 우리를 숲에서 몰아낸 셈이다. 그런 제품에는 팜유가 들어간다. 사람들은 팜유 때문에 숲을 거침없이 밀어버렸다. 지난 15년간 친구 10만 명이 목숨을 잃었다. 개간하려 지른 불에 타 죽고, 갈 곳 없어 간 농경지에서 겁에 질린 주민이 쏜 총에 맞아 죽고, 매달려 있는 나무를 불도저로 밀어서 죽었다. 우리는 숲에서 살고 싶다. 호랑이, 코뿔소, 코끼리를 비롯한 수마트라의 모든 야생 동물을 대표해 말한다. 열대 우림을 그만 파괴하라. 팜유를 그만 써라. 어머니 자연을 착취하는 소비를 줄여라.

멧돼지

참새, 까치, 어치, 직박구리, 까마귀, 갈까마귀, 떼까마귀, 꿩, 멧비둘기, 집비둘기, 고라니, 멧돼지, 청설모, 두더지, 오리 등을 '유해 조수'라 한다. 인간은 우리를 사람의 생명이나 재산에 피해를 주는 '유해 야생 동물'로 낙인찍어 죽인다. 옛날에는 고기를 얻거나 신체 일부를 약재로 쓰려 죽였고, 지금은 전선을 훼손하거나 농작물을 훔쳐 먹는다며 죽인다. 인간은 우리가 잘살던 숲을 도로로 갈가리 찢어놓고 오염 물질로 더럽힌다. 누가더 유해할까? 살아 있는 생명에게 존재 자체가 해롭다는 딱지를 붙이고 마구 죽이는 인간들을 사발통문을 써 규탄한다. 우리를 함부로 유해 조수로 지목한 인간 정부의 법을 반박하고 불복하는 항소 이유서를 제출한다.

비인간 생물들이 인간에게 남기는 메시지

호소하는 철새, 곰, 가로수, 오랑우탄, 멧돼지의 목소리에 귀 기울여 보자. 인간이 야생 비인간 존재에게 얼마나 많은 잘못을 저지르는지 성찰해야 한다. "우리가 이렇게 읍소하는 까닭은 우리 아픔을 알리는 것이지만 인간에게 연민을 느끼기 때문이기도 합니다. 지구의 벗들과 연결된 조화로운 삶을 포기하고, 욕심에 눈이 멀어 자신들의 삶마저 망가뜨리는 인간들에 대한 연민 말입니다. 이제, 그 손을 내밀어 우리들의 손을 잡고, 어머니 자연과 형제들의 아픔에 동참하는 여러분이 되십시오."

2021년 12월 7일

기후 변화와
도시 위기

주성돈

기후 변화는 지구 내부 변화, 해양과 만년설 등의 영향, 인간 활동의 효과를 반영한 현상이다. 기후 변화의 주된 원인은 온난화다. 지구 온도가 1도 상승하면 매년 30만 명이 기후 관련 질병으로 사망하거나 약 10퍼센트의 생물이 멸종 위기에 몰린다. 온도가 5도 상승하면 빙하가 녹고 해수면이 상승해 해안 도시가 물에 잠긴다고 한다. 한국에서는 봄꽃 개화 시기가 빨라지고 강수량이 10퍼센트 증가했다. 이대로 계속되면 21세기 말에는 기온이 4도 상승하고 강수량은 17퍼센트 는다고 한다. 기후 변화에 규제가 필요하다. 국가는 국제 협약을 맺고, 시민은 자발적인 노력과 행동을 해야 한다.

기후 위기와 지방 정부

기후 문제는 국가 간뿐 아니라 지자체도 협력해야 한다. 지자체는 온실가스 저감 대책을 내놓고 중앙 정부의 기후 변화 대응 정책을 이행하는 실행자다. 동시에 온실가스를 배출하는 다양한 활동과 의사 결정 과정에 직간접으로 영향을 미치기 때문에 온실가스 문제 해결을 주도해야 한다. 지자체 산하에 에너지나 기후 변화 문제를 연구하는 기관을 만들어야 한다. 서울시, 인천시, 광주시는 '기후 변화 대응 조례'를 제정했다.

지방 정부가 기후 변화 대응에 형식적으로 참여하지 않으려면 충분히 시간을 들여 정책 이해와 고민을 해야 한다. 경제적 유인을 제공하는 등 지자체끼리 경쟁하게 하고 공정하게 평가해 보조금을 지원하는 체계가 필요하다. 모범 사례를 교육해 학습 효과도 높여야 한다.

공공 부문 정책 창도가도 중요하다. 지방의회 의원이나 고위 공무원 등이 기후 변화 대응에 관심을 갖고 정책 역량을 발휘할 수 있는 환경을 조성해야 한다. 그 밖에도 지자체가 보유한 건물, 설비, 도로 조명, 차량 에너지를 절감하거나, 하수 처리장, 폐기물 매립지 등에서 메탄을 포집하고 활용해 온실가스를 줄여야 한다. 지자체 공무원은 지역 주민하고 소통하면서 건축물 규정, 자동차 주차, 교통 관리 등 규제 수단을 확보해 주민들 스스로 온실가스를 감축할 수 있게 도와야 한다.

전라남도는 '2021 P4G 서울정상회의'에 참여해 탄소 배출 제로 목표를 국제 사회에 약속했다. 2050년까지 지역 내 온실가스 9200만 톤을 감축하기 위한 구체적인 정책으로, 청정 에너지로 2600만 톤, 청정 산업으로 3900만 톤, 숲을 통한 산소 흡수로 2000만 톤을 감축하기로 약속했다. 교통, 건축, 축산,

수산 등 분야도 1100만 톤을 감축할 구상이다. 8.2기가와트 해상 풍력 단지 조성, 액화천연가스와 그린 수소를 활용한 수소 경제 시스템 구축, 스마트 에너지 자립 항만 구축, 석탄 화력발전소의 단계적 저탄소 산업 단지 전환, 친환경 차 보급, 탄소 제로 빌딩 구축을 통한 탄소 중립 도시 조성 등 탄소 배출 감축 정책도 모색하고 있다.

2050 탄소 중립을 향해

기후 변화는 어느 한 국가나 지역이 온실가스를 줄인다고 해결되지 않는다. 전세계가 협력해야 한다. 1972년 스톡홀름 회의에서 처음으로 범지구적 환경 문제를 다뤘고, 1992년 유엔 기후변화 협약, 1997년 교토 의정서, 2001년 더반 결정문, 2015년 파리 협약이 그런 시도다.

한국은 온실가스 배출량 세계 7위다. 파리 협약에 따라 온실가스 감축 계획으로 전력 부문은 석탄 발전 감축과 재생 에너지 확대를, 운송 부문은 2030년까지 전기 자동차 300만 대, 수소 자동차 85만 대 보급, 액화천연가스 운행 친환경 선박 보급 확대를 설정했다. 누군가는 실현 가능성이 없다고 한다. 산업 부문 감축 목표가 높아 산업계에 부담이 크며, 탈원전 정책과 탈석탄 정책을 동시에 추진할 수 없다고 한다. 2050 탄소 중립 실현을 위해 국제 사회와 중앙 정부, 지자체가 모두 노력해야 한다.

2021년 12월 26일

내가 사는 도시에
나무를 심자

최진우

녹지 선진국은 도시 계획의 기본 방향을 기후 중립 도시 개발에 맞춘다. 녹색 기반 시설은 도시 계획의 중요한 요소다. 도시 녹지는 기후 위기와 사회 양극화를 해결할 방법으로 여겨진다. 미국은 도시 녹지를 활용한 기후 위기 대응과 일자리 확대, 지역 사회 공동체 번영을 도시의 미래 전략으로 삼는다. 유럽은 자연 생태계에 기반한 인프라를 확충하고, 지속 가능 에너지 생산과 소비 시스템으로 전환하는 '신산림 전략'을 내세운다.

도시와 나무

도시 숲은 탄소 흡수, 유수 감축, 대기 오염 감축, 에너지 비용 절감, 생물 다양성 등 생태계 서비스를 제공한다. 선진국은 도시 숲을 늘리는 지표인 수관 점유율Urban Tree Canopy·UTC을 중시한다. 법규, 조례, 지침, 편람으로 수관 점유율을 늘리도록 강력히 요구한다. 기후 위기를 극복할 도시 생태계 개선 전략으로 도시 숲 의제와 계획을 마련한다. 개발 중 사라지는 만큼 녹지를 늘리고 도시 녹지 비율을 순증시키도록 강하게 요구한다.

법과 나무

도시 수목을 다루는 법률이 많다. 그런데 각 법률마다 문제가 있다. 한국은 '도시숲 등의 조성 및 관리에 관한 법률'(도시숲법)을 2020년 6월 9일 제정해 2021년 6월 10일 시행했다. 도시숲법 1조 목적은 '국민의 보건·휴양 증진 및 정서 함양에 기여하고, 미세 먼지 저감 및 폭염 완화 등으로 생활환경을 개선하는 등 국민의 삶의 질 향상에 이바지함'이다. 아쉽게도 기후 위기 대응을 포괄적으로 명시하지 못했다.

2021년 9월 24일 제정한 '기후위기 대응을 위한 탄소중립·녹색성장 기본법'(탄소중립기본법)이 2022년 9월 25일 시행된다. 탄소중립기본법 33조는 '정부는 산림지, 농경지, 초지, 습지, 정주지, 바다숲 등에서 온실가스를 흡수하고 저장하는 탄소 흡수원을 조성·확충하거나 온실가스 흡수 능력을 개선할 시책을 수립·시행해야 한다'고 명시했다. 그런데 산림과 도시 숲은 산림청 소관이고, 정주지의 도시 녹지는 국토부 소관이다.

도시숲법 2조는 도시 숲을 포괄적으로 다루지 못한다. 도시 숲, 생활 숲(마을 숲, 경관 숲, 학교 숲), 가로수 등으로 구분해 '도시숲 등'으로 표현했다. 공간적이고 기능적인 범위와 대상이 모호하다. 도시 숲의 사업 범위를 국토 전체로 보는 해석도 있어서 불확실하다.

도시숲법 4조에 따라 도시 숲 등의 조성과 관리에 관한 특별한 규정이 있는 법률이 있을 때는 그 법률을 따른다. 도시 공원과 시설 녹지, 대지 안 녹지는 도시숲법의 개념적 정의에 포함되지만 실제 조성과 관리 대상에서는 제외된다. 도시숲법은 도시공원법과 건축법 등에서 규정하는 도시 공원의 종류와 녹지 등을 언급하지 않고 포괄적 정의만 규정하기 때문에 중복되는 부분이 생긴다. 담당 부처도 달라 일관성 있는 정책을 실현하기 어렵다.

기후 위기에 대응하려면 도시숲법을 적용하는 대상의 범위를 확대해야 한다. 사유지이지만 공공성이 강한 공동 주택, 대학 캠퍼스의 녹지와 수목을 대상에 넣어 개정해야 한다. 현행법도 공공 보행로와 도로에 접해 공적 기능이 큰 녹지는 생활 지역으로 보고 생활 숲 대상에 넣도록 조례에 명시하게 했다.

시민과 나무

앞으로 생활권 주변에 있는 30~40년 된 도시 나무를 관리하는 방향을 잘 잡아야 한다. 주민 참여를 보장하는 도시 숲 민관 공동 관리 거버넌스를 강화해야 한다. 한정되고 편향된 거버넌스로 문제와 갈등을 해결할 수 없다. 도시숲법 17조(국민 참여의 활성화)에 산림청장이나 지방자치단체 장이 민관 협의체를 구성하거나 단체의 설립과 운영을 장려할 수 있다고 명시했다.

안양시지속가능발전협의회는 2020년 11월 도시의 나무에 관한 계획이나 행정을 시민들하고 함께 논의하는 도시나무위원회 설립을 촉구했다. 도시의 나무는 학교 나무, 공원 나무, 아파트 나무, 가로수, 하천 나무 등 다양하게 분류된다. 탄소 중립 시대에 도시 숲 조성에 관한 큰 계획이 없는 현실에서 시민과 행정이 함께 합리적 방법을 찾는 도시나무위원회를 대안으로 제시했다.

도시숲법 16조에는 도시숲지원센터의 지정과 운영을 명시했다. 도시숲지원센터를 기반으로 도시 숲 민관 협치 거버넌스를 구성하고 운영할 수 있다. '나무권리선언 시민 인식 캠페인'을 추진하고 가로수 자료를 공개하는 등 시민 참여형 실행 계획을 수립해야 한다. 가로수 돌보미, 시민 정원사 등 가로수 조사와 모니터링, 도시 숲 데이터베이스 구축, 가로수 온라인 지도 만들기, 청소 유지 관리, 이름표 달기, 가드닝, 가지치기 참여, 인문 콘텐츠 구축 등 다양한 협력 사업을 추진할 수 있다.

2022년 1월 18일

'RE 100'과 유로 택소노미, 그리고 'K 택소노미'

정종원

대선 후보 토론회가 열렸다. 국가 운영에 경제 문제는 중요하다. 그런데 토론회에서 'RE 100'이나 '유로 택소노미'를 처음 접한 사람이 많다. 수 진영일수록 환경 이슈나 에너지 문제에 관심이 적다지만, 한 후보는 전혀 모른다고 답했다. 정부와 정치권, 언론이 제구실을 못한 탓이다.

대선 토론회와 최신 시사 용어

RE 100은 '재생 에너지 100퍼센트^{Renewable 100}'라는 의미다. 기업이 활용하는 전력 100퍼센트를 재생 에너지로 대체하자는 전세계 기업 협약 체제다. 2022년 1월 기준 349개 기업이 참여하고 있다. 애플, 구글, 메타(페이스북/인스타그램), 레고 등 61개 기업이 RE 100을 달성했다. 한국은 SK그룹 8개사, LG에너지솔루션, 아모레퍼시픽, 한국수자원공사, KB금융지주, 롯데칠성 등 14개 업체가 참여하고 있다. 친환경 이미지 때문에 가입하기도 하지만, 대부분 환경을 생각하고 친환경 경영으로 환경 정의를 실천하려는 의지를 드러내고 있다.

RE 100의 파급력은 참여 기업이 다른 기업들에게 RE 100 기준에 따른 거래를 요구하는 점에 있다. BMW는 전기 자동차에 넣는 배터리 공급 업체에 RE 100을 요구했고, 삼성SDI도 이 요구를 받았다고 한다. 애플도 삼성전자와 SK하이닉스 등에 RE 100 참여를 독려한 듯하다. 한국은 제조업이 핵심인 국가라서 RE 100은 환경 이슈이자 경제 정책이다.

유로 택소노미는 유럽연합이 2030년까지 온실가스의 55퍼센트를 감축하기 위해 제시한 그린딜A European Green Deel의 하나로 마련한 분류 체계다. 환경적으로 지속 가능한 경제 활동을 위해 10년 동안 1조 유로(한화 약 1400조 원) 이상 녹색 금융을 지원한다. 경제 활동의 친환경성 여부를 구체적으로 제시하고 지속 가능한 경제 활동을 유도하는 정책이다.

유로 택소노미에서 핵심 논쟁은 천연가스와 원자력 발전이다. 원자력 발전이 70퍼센트를 차지하는 프랑스를 비롯해 체코, 폴란드, 핀란드는 원전을 포함해야 한다고 하고, 탈원전을 찬성하는 독일, 오스트리아, 포르투갈, 덴마크, 룩셈부르크는 반대한다. 이런 상황에서 유럽연합 집행위원회는 2021년 12월 31일 천연가스와 원자력 발전을 친환경 그린 에너지로 분류했는데, 원전에는 까다로운 조건을 붙였다. 천연가스는 킬로와트시당 온실가스 배출량을 100그램CO_2eq(이산화탄소 환산량) 이하로 해야 하고, 기존 원전은 안전성 향상과 친환경 개량을 조건으로 2040년까지 인정하고, 신규 원전도 2045년까지 인정하는 대신 높은 안전 기준을 이행해야 한다고 발표했다.

한국도 2021년 12월 30일 'K 택소노미 분류 체계'를 발표했다. 천연가스는 넣고 원전은 뺐다. 탈원전 찬성 국가들이 유럽 사법재판소 제소까지 검토한 유럽처럼 한국도 원전 업계가 반발할 가능성이 크다. 유로 택소노미는 원전 운영에 관련한 국제 기준을 적용하는 데 중대한 사안이며, 탄소 배출권 가격과 국내 배출권 거래 산업에도 상당한 영향을 준다.

유로 택소노미와 'K 택소노미'

원전은 탄소를 거의 배출하지 않는 친환경 에너지라는 그린 워싱이 한때 유행이었다. 이명박 정부는 원전 홍보 전담 공공 기관도 설립했다. 그러나 후쿠시마 사태를 통해 똑똑히 본 대로 원전은 비싸고 위험하다. 원전 건설과 유지, 핵폐기물 처리, 사회적 갈등에 들어가는 비용은 가늠할 수 없을 정도다. 유로 택소노미는 핵폐기물 처리 부지 확보와 강화된 안전 기준이라는 조건을 내걸고 있다. 경제성이 떨어지는 원전에는 투자가 줄어들 수밖에 없다. 전세계는 에너지 전환이라는 과제를 해결하려 경제성을 갖춘 재생 에너지 기술 개발에 박차를 가하고 있다. 차기 대통령에게는 코로나19, 부동산, 경제 문제도 중요하다. 그렇지만 기후 위기와 에너지 전환이라는 시대적 과제를 잘 이해해야 하고, 이런 과제를 해결할 전망도 제시해야 한다.

2022년 2월 8일

세계 최초
국립 공원 도시 런던?

주성돈

도시화는 녹색 공간과 자연 환경에 영향을 미친다. 런던은 여러 세기 동안 주택, 학교, 병원, 작업장, 교통 인프라 등을 갖추면서 자연 서식지와 녹색 광장이 줄었다. 런던 토지 면적의 약 20퍼센트를 차지하는 도시 숲에는 약 800만 그루의 나무가 자라고 있으며, 가로수는 약 50만 그루라고 한다.

얼마 전 런던의 녹지 공간을 살펴보니 전체의 49퍼센트였다. 33퍼센트는 공원, 산림 지대, 농경지이고, 14퍼센트는 사유지, 2퍼센트는 강, 운하, 습지였다. 2017년 기준 인구 일인당 공공 녹지 비중에서 런던은 세계 30개 도시 중에서 10위다. 서울은 13위다. 다른 도시에 견줘 런던은 녹지 공간이 많다.

런던 환경 전략과 녹색 인프라 프로그램

런던 시장은 기업, 공동체, 공공 부문하고 협력해 식목 프로그램을 추진했다. 도시 나무를 10퍼센트 늘릴 '런던 환경 전략'과

녹색 인프라 구축이 하위 목표다. 공원, 녹지, 정원, 산림, 강, 습지 등을 네트워크로 연결해 관리한다. 2050년까지 개발을 최대한 자제하고 런던의 현재와 미래에 필요한 녹색 인프라 서비스와 혜택을 제공할 도시 녹지를 보호하고 늘릴 계획이다.

런던 계획의 특징은 세 가지다. 첫째, 그린벨트, 메트로폴리탄 오픈 랜드^{Metropolitan Open Land}, 공원과 광장의 공공 녹지 네트워크를 보호한다. 둘째, 사유지 정원을 포함해 개발이 녹색 공간을 해치지 않는 정책을 포함한다. 셋째, 런던 시장은 녹지와 자연에 접근성이 높은 친환경 도시를 만든다.

런던 시장이 세운 도시 숲 프로그램은 다음 요소로 구성된다. 첫째, 중소 규모의 녹화 프로젝트에 관련된 공동 투자 기금 조성, 둘째, 전략적으로 중요한 녹색 인프라 프로젝트 투자를 위한 친환경 도시 기금 조성, 셋째, '친환경 지수'를 개발해 투자 우선순위 설정, 넷째, 강화된 도시 녹화 정책, 다섯째, 디자이너, 개발자, 기획자하고 협력해 런던 거리 풍경에 잘 어울리는 친환경 건축의 이점을 홍보하기, 여섯째, 녹색 지붕, 녹색 벽, 지속 가능한 배수 범위 확대 등 녹색 거리와 건물 관련 정책, 일곱째, 도시 숲 유지와 확장에 필요한 나무 심기 등 프로그램 개발과 프로젝트 제공, 여덟째, 녹지와 자연 환경의 개선과 관리에 지역 사회의 참여를 증진하기, 아홉째, 주택 소유자에게 정원이 녹색 인프라 개선에 기여하는 방법에 관련된 정보와 자문을 제공하기.

녹색 런던, 세 가지 목표

런던은 세계 최초 국립공원 도시 런던을 위해 다음 같은 전략적 조치를 강조한다.

첫째, 런던을 세계 최초의 국립공원 도시로 만든다. 공공 기관, 기업, 개발업자, 시민에게 런던의 친환경 인프라가 주는 혜택을 더 많이 알린다. 시민 친화적 프로그램과 활동을 중심으로 전환해 모든 시민에게 이익이 갈 수 있게 관리한다. 둘째, 녹색 인프라가 지닌 경제적 가치를 평가한다. 도시의 녹지 공간은 정신적 건강과 육체적 건강, 아동기 발달, 사회적 결속에 필수적이며 기후 변화에도 대처할 수 있다. 셋째, 열린 공간으로 만들어 접근성을 높인다. 녹지 공간 개방은 좋은 평가를 받고 있다. 오페라 홀랜드 공원이나 풀럼 궁전 같은 공원에서 문화 행사가 많이 열리고 축제도 늘고 있다. 그러나 런던 토지 면적의 18퍼센트만 공식적으로 개방된다. 결과적으로 런던 계획에 공공 개방 장소^{Public Open Space}로 규정되지 않으면 접근할 수 없다. 녹색 열린 공간의 일부가 개인 소유이거나 철로나 저수지이기 때문이다. 또한 전체 가구의 약 절반은 공원에서 400미터 이상 떨어져 있어서 쌈지 공원이나 작은 광장을 조성해야 한다.

'부천 환경 전략'을 세워야

런던의 녹색 공간에서 실행하는 주요 사업과 프로그램도 살펴보자. 첫째, 공동체 나무 심기 보조금이다. 새로운 녹색 도시 기금을 통해 나무 심기와 산림 지대 조성 프로젝트에 공적 자금을 지원한다. 공동체 나무 심기나 녹지 보조금 1단계 사업은 2017년 10월부터 2018년 3월까지 29개 프로젝트에 40만 파운드를 지원했다. 2018년에는 55개 녹색 공간 프로젝트에 110만 파운드를 추가 지원했다. 둘째, 학교와 지역 사회단체를 위한 무료 나무 사업이다. 2018년에 나무 1만 그루를 무료 제공했다. 셋째, 나무 보호와 유지, 새 나무 심기와 산림 조성을 장려하는 정책 수단을 제공하는 정책 개발이다. 2018년에는 자치구 수목과 삼림지 전략에 관한 보충 기획 지침을 발표했다. 대형 캐노피 나무의 이점을 다룬 자료들을 개발업자와 건축가에게 제공하고 나무를 도시 경관에 통합했다. 넷째, 산림 지대 관리와 조사 강화. 1만 2899헥타르에 이르는 산림 지대는 혜택이 다양하지만 지속 가능하게 관리하지는 않았다. 지금은 임업위원회가 관련 데이터를 조사해 정보를 관리하고 있다. 다섯째, 파트너십과 프로모션의 조정이다. 나무 심기와 과수원 조성 등을 하는 시민, 기업, 단체를 지원했다.

런던은 세계 최초 국립공원 도시가 되려는 포부를 안고 런던 환경 전략과 녹색 인프라 프로그램을 세워 도시의 녹색 공간을 체계적으로 늘리고 있다. 녹지가 부족한 부천은 런던을 눈여겨봐야 한다.

2022년 2월 22일

2부

도시 마을과 삶의 질
— 한국 사회를 돌아보다

대학 서열과
내 아이의 서열

정종원

학부모들은 학생부 종합 전형, 수시 전형, 정시 전형 등을 이야기할 때 아이 성적과 진학 가능 대학부터 본다. 성적은 곧 대학 진학이고, 대학이 인생을 결정한다는 간단한 논리에서 자유로운 대한민국 사람은 없다. 우리 모두 그럴 테다. 문제는 이 간단한 논리를 아이를 통해 실현할 방법이다. 부모들은 이 간단한 논리를 성공적으로 수행한 소수의 모범적인 이웃 아이들 모습이나 멀리 있을 이상적 모델을 그려놓고 닮기를 바란다. 정보를 얻기 어려울 뿐 아니라 어떻게 해야 하는지도 모른다. 논리는 간단해도 실현은 쉽지 않다.

대학에 모두 걸기

이유야 여럿이지만 '아이가 따라주지 않는다'와 '아이에게 사교육 등 더 좋은 여건을 만들어주기 어렵다'로 요약된다. 그런데 이 둘 사이에는 묘한 관계가 있다. 전자는 충족되지만 후자에

하는 '투자'가 부족하다고 여기는 경우, 후자에 하는 투자는 충분하지만 전자가 충족되지 못하는 경우, 둘 다 충족되지 않는 경우 말이다.

부모들은 대학 서열에 아이의 인생, 아니 엄마와 아빠의 인생을 모두 걸기도 한다. 노력하면 서열 높은 명문 대학에 갈 수 있다는 논리로 부모가 노력하면 다음은 아이의 몫이다. 그다음은 뭘까? 아이가 알아서 성공할까? 부모는 충분한 사교육과 좋은 학습 환경을 제공하면 할 일 다하는 걸까? 그렇다. 내가 만난 많은 부모들은 그렇게 생각한다. 원하는 대학에 가면 부모는 의무를 다한 걸까? 스펙을 쌓는 사교육이 또 필요하다. 반복되는 악순환을, 끝나지 않는 고통을 벗어나지 못한다.

학생부 종합 전형이 시작되면서 그나마 무슨 전공을 선택하고 졸업한 뒤 어떻게 살지 고민하게 됐지만, 성적과 대학 서열을 중심에 놓고 기계적 편의성만 강조하는 일부 세력은 학생부 종합 전형이 지닌 중요성이나 잠재성을 알려 하지 않는다. 정시만 공정한 잣대라 주장하고, 교육적 관점에서 학교생활을 충실히 해야 한다는 접근을 무시한다. 나를 몽상에 빠진 순진한 사람으로 치부할지 모르겠다. 그런 사람에게 묻고 싶다. 당신은 아이를 얼마나 잘 알고 있는가? 아이의 삶, 꿈, 미래를 이야기해본 적 있는가? 아이가 진짜 원하는 삶이 뭔지 고민한 적이 있는가?

수능이 가장 공정하고, 개천에서 용이 날 수 있는 제도라는 잘못된 믿음이 강하다. 이 믿음은 아이에 관한 무관심의 소치

이며, 나아가 서열화된 대학 구조에서 상위를 차지하면 그만이고 줄을 세워 앞에 서면 성공이라는, 공정성 뒤에 숨은 편의주의적 교리일 뿐이다. 물론 학생부 종합 전형이 문제가 없지는 않았다. 이런 문제들을 해결하려 상당한 연구와 노력을 했고, 입학사정관들도 높은 전문성을 갖추고 있다. 입학 업무에 관련이 없던 교수들이 전공 학생을 뽑으려고 학생부를 꼼꼼히 읽고 평가하는 시대가 됐다.

여전히 몇몇 부모들은 학생부 종합 전형의 취지를 이해하지 못하고 있다. 내신 등급이 높으면 합격하는 줄 안다. 사교육을 통해 입시 불안을 잠재우고 아이의 미래를 학원에 맡겨버린다. 원서 쓸 시기가 다가오면 사교육에 대학 진학 전략을 짜달라고 한다. 원서를 쓰면서도 희망 대학과 희망 학과에서 어떤 교수가 어떤 연구를 하고 있는지, 어떤 특장점이 있는 학과인지, 최근에 교수들이 발표한 논문이 뭔지 알려 하지 않는다. 대학이 학문하는 곳이라는 생각은 애초에 없다. 성공과 출세로 나아가는 과정에 지나지 않는다. 정작 아이는 그런 현실이 싫으면서도 인정하지 않을 방법을 찾지 못한다.

1월 11일은 정시 원서 접수를 마감하는 날이었다. 원서 마감을 앞둔 시간에 전화기가 울렸다. 입학처 직원들이 편입 시험을 준비하느라 자리를 비워서 내가 전화를 당겨 받았다. 어떤 어머니가 의생명공학과, AI학과, 화학과, 식품영양학과 등 모집 단위 계열이 다른 여러 학과에 자기 아이가 합격할 가능성을 문의했다. 아는 한도에서 대답을 했다. 전화기 너머 짜증을 내는 소리가 들렸다. "됐다고, 내가 알아서 한다고." 학생이 아니라 엄마가 아이에 관한 어떤 정보도 주지 않은 채 수능 성적에 따른 합격 여부만 묻는 현실이 서글펐다.

어렵지만 가야 할 길, 좋은 부모 되기

성적-대학-성공이라는 논리는 아이를 쉽게 키우려는 게으름에서 나왔다. 좋은 대학만 가면 다 해결된다, 사교육이 모든 것을 해결해준다, 세상하고 단절해 공부만 잘하면 성공한다, 부모로서 할 만큼 했다, 남들 다 하는데 우리 애만 안 하면 뒤처진다는 생각들이 저마다 내재해 있다. 그렇지만 이런 현실을 인정하고 벗어나야 한다는 생각을 시작해야 좋은 부모가 된다고 확신한다. 아이의 희망, 재능, 삶의 목적을 아이 스스로 선택할 수 있도록 부모가 함께 나서야 한다. 다른 사람들이 가지 않은 길이다. 두렵다는 반응이 정상적이다. 내 아이하고 한 번이라도 진심을 다해 현재와 미래를 이야기해보자. 그것이 시작이다.

나는 어떻게 아이를 키우냐고? 부족하고 모자란 부모, 제발 저린 도둑일 뿐이다. 주제넘지만 마음을 다잡으려 써본다.

2021년 1월 12일

'안면 인식 CCTV' 1만 대와 빅브라더 사회

최진우

부천시 코로나19 누적 확진자는 2021년 3월 1일 기준 1859명이다. 백신 접종을 시작한 뒤에도 시민들이 느끼는 불안은 줄지 않고 있다. 얼마 전 부천시는 코로나 확산 방지 차원에서 인공지능과 폐회로 텔레비전, 곧 CCTV 영상을 활용해 확진자 동선을 확인하고 접촉자를 파악하는 '지능형 역학 시스템'을 전국 최초로 구축한다고 발표했다. 그러나 안면 인식을 할 수 있는 CCTV로 특정인을 추적하는 시스템이어서 방역을 핑계로 사생활과 인권을 침해한다는 논란이 일고 있다.

CCTV 정보로 방역 효율 높이려는 부천시

코로나 확진자를 추적하려면 확진자가 한 진술을 토대로 동선 안에 있는 CCTV를 육안으로 확인해야 한다. 그러다 보니 시간이 오래 걸리고 역학 조사관도 힘들어한다. 신용카드와 휴대전화를 사용하지 않은 접촉자가 있고 손으로 쓴 출입 기록 정보를 처리하는 데 걸리는 시간 때문에 역학 조사에 한계도 많다. '지능형 역학 시스템'은 확진자 정보를 인공 지능에 학습시킨 뒤 안면 인식이 가능한 CCTV 영상으로 확진자를 식별하고 추적해 이동 경로를 탐색한다. 안면 정보뿐 아니라 연령, 성별, 체형, 옷차림, 마스크 착용 여부도 자동 수집된다. 영상 속 밀접 접촉자를 파악해 신원을 확인하는 방식으로 이동 경로를 효율적으로 파악할 수 있다고 한다.

부천은 전국에서 CCTV 밀도가 가장 높은 도시다. CCTV가 8300여 대이고, 안면 인식 가능 인공 지능 1만 대 CCTV 확충 사업을 벌여 올해 연말까지 1만 823대로 늘릴 예정이다. 그러면 7미터마다 CCTV 1대가 있는 촘촘한 감시망을 갖추게 된다. 부천시는 코로나 지역 사회 감염을 효과적으로 막기 위해 확진자 추적 방식을 고도화하는 시스템이라 하지만, 시민들은 사생활과 인권 침해, 시민 감시 사회를 걱정한다.

이 사업 입찰 제안 요청서에도 심각한 인권 침해 문제가 적시됐다. 코로나 역학 조사 말고는 오남용하지 말아야 하며, 신뢰받을 수 있는 투명한 시스템을 운영해야 한다고 강조했다. 확진자 동선 등 개인 정보는 방역 당국과 역학 조사관에게만 제공하고, 추적 대상자 정보는 비식별 정보로 바꿔 개인별 추적을 절대 할 수 없게 하는 부작용 방지책도 포함됐다.

전국 최고 CCTV 밀집 지역

부천시는 연말까지 지능형 역학 시스템을 구축해도 운영은

2022년부터 시작한다고 한다. 정부는 2021년 11월까지 코로나 집단 면역 형성이 목표인데 인권 침해 가능성이 큰 사업을 집단 면역 형성 뒤인 내년에 시작해야 하는지도 의문이다. 실제로 부천시는 코로나를 명분으로 구축한 지능형 역학 시스템을 활용하는 범위를 앞으로 미아, 치매 환자, 5대 강력 범죄자 추적으로 넓히는 계획을 세웠다고 한다. 스티븐 스필버그가 만든 영화 〈마이너리티 리포트〉(2002)처럼 길거리 감시 카메라가 길을 걷는 사람들 얼굴을 인식해 범죄 용의자를 식별하고 맞춤형 광고를 보여주는 일도 가능할 수 있다. 이미 중국은 4억 대가 넘는 감시 카메라와 안면 인식 기술을 활용해 범죄자 등 특정인의 동선을 추적하고, 소수 민족을 감시하고, 시위대의 신원을 파악하는 등 '세계 최대 감시 사회'를 구축하고 있다.

부천시가 세운 야심 찬 계획에 보수 정당과 보수 언론이 먼저 문제를 제기했다. 국민의힘 박대출 의원은 코로나를 핑계로 정부가 빅브라더가 되겠다는 '신전체주의 발상'이라며 세금을 들여 동의 없이 국민을 감시하고 통제해서는 안 된다고 말했다. 정보를 독점해 사회를 통제하고 관리하는 권력과 사회 체계를 가리키는 빅브라더는 조지 오웰이 쓴 소설 《1984》에 나온 말이다. 소설에서 빅브라더는 텔레 스크린으로 사회 곳곳, 심지어 화장실까지 보면서 사생활을 침해한다. 관리자들의 독점 권력이 정보 수집으로 완성된다는 사실을 보여주는 빅브라더는 사회를 돌보는 보호적 감시라는 긍정적 의미를 지니는 반면, 정보를 독점해 시민을 통제하는 사회를 일컫는다.

알고리즘 거버넌스 수립해야

인간보다 계산이 뛰어나고 검색 능력이 좋은 인공 지능 알고리즘에 의존하면 온갖 복잡한 사회 문제를 빨리 해결할 수 있다. 과학기술이 발전한 덕분이라 볼 수도 있지만, 날로 복잡해지고 불확실성이 높아지는 현대 사회에서 알고리즘에 중요한 의사 결정을 지나치게 위임하는 시도는 매우 위험하다는 주장도 제기된다. 김동광 고려대학교 과학기술학연구소 연구교수에 따르면 요즘 과학기술사회학에서 '알고리즘 거버넌스 수립'이 중요한 연구 주제로 부상했다. 알고리즘이 편향에 빠지지 않게 모니터링하고 알고리즘이 궁극적으로 어떤 가치를 구현해야 할지 판단하는 문제는 인간의 몫이기 때문이다.

알고리즘을 통제하는 민주적 거버넌스가 중요하다. 부천시는 과학기술 만능주의에 매몰되지 않고 사회 정의와 인권 보호라는 대의 아래 시민이 과학기술을 감시하고 통제할 수 있는 거버넌스를 수립해야 한다. 숙의 민주주의를 구현하는 여러 방안 중에 '합의 회의'가 있다. 과학기술을 개발할 방향을 정할 때 전문가에게 맡겨두지 않고 시민들이 참여하는 방식이다. 부천을 진정한 '스마티 시티'로 만들어야 한다. 그렇지 않으면 코로나가 끝나도 안면 인식 방어용 마스크를 써야 하는 빅브라더 사회가 될 수도 있다.

2021년 3월 2일

땅이 아니라
땀이 대우받는 사회

김기현

방송국에서 스태프로 일하는 딸이 살 방을 구하러 고양시 탄현역 일대를 돌아다닌 적이 있다. 3년 전 어느 토요일, 오전 9시부터 일고여덟 곳을 다녀도 비싼 월세뿐이었다. 세트장에서 조금 떨어진 주택가를 찾아 전세를 계약한 때가 오후 5시경이었다. 몸과 마음이 지쳐 딸과 돌아오는 길에 부모 도움 없이 살아가는 청년들이 떠올라 먹먹했다. 주거 환경이 형편없거나 안전이 걱정되는 곳도 많았다. 심지어 경비원이 젊은 여자 혼자 살면 여기 들이지 말라고 은근히 말해주기도 했다. 집값이 너무 올라 내 집 마련은커녕 전세금 마련도 쉽지 않았다.

정부는 '3기 신도시'를 발표하면서 대장들녘 120만 평 논습지를 '부천 대장 신도시'에 포함했다. 기후 위기와 먹을거리 위기 시대에 수도권 논 습지 120만 평을 아파트 2만 호로 바꾼다는 신도시 계획도 문제인데, 한국토지주택공사 직원들 투기 의혹이 불거지더니 부천 지역 정치인들 투기 의혹으로 번졌다.

부동산 공화국의 민낯

문재인 대통령은 2021년 3월 15일 수석·보좌관 회의에서 말했다. "부동산 시장 안정을 위한 공공 주도형 부동산 공급 대책은 어떤 경우에도 흔들려서는 안 된다." 정부 핵심 정책이라는 말이었다. 이런 기조로 3기 신도시를 시작했고, 서울시장 후보들도 여야를 막론하고 집값을 잡겠다며 대규모 공급 위주 공약을 발표했다.

정부가 추진하는 공공 주도형 부동산 공급 대책에 정면으로 문제를 제기하는 《부동산 공화국 경제사》을 쓴 전강수 대구가톨릭대학교 교수는 토지정의시민연대 정책위원장을 지냈다. 2017년 심상정 정의당 의원이 청와대와 정부, 관할 기관에 근무하는 고위 공직자 639명의 주택 보유 현황을 분석해 공개했다. 강남 3구에 주택을 보유한 공직자 비율은 국세청 80퍼센트, 공정거래위원회 75퍼센트, 금융위원회 69퍼센트, 기획재정부 54퍼센트, 한국은행 50퍼센트, 국토교통부 34퍼센트였다. 또한 부동산 정책을 관장하는 국토교통부 고위 공직자의 45퍼센트가 다주택자였다. 정부 정책 결정에 큰 영향을 미치는 고위 공직자들은 이미 부동산 이해관계자로 전락했다. 가벼운 보유세 부담, 선진국 최고 수준의 지가, 엄청난 부동산 불로 소득과 그런 소득이 소득 불평등에 미치는 영향 등은 한국이 부동산 공화국이라는 사실을 보여주는 증거였다.

2015년 기준 한국의 GDP 대비 보유세 비율은 0.8퍼센트로 경제협력개발기구^{OECD} 평균에 견줘 매우 낮다. 부동산 보유세는 자산 과세라 부동산 가액 대비 보유세 비율과 실효세율로 따져도 관련 통계를 공개한 OECD 12개국 중 독일과 노르웨이하고 함께 0.1퍼센트대로 최하위 그룹에 속한다.

《부동산 공화국 경제사》는 2019년에 나왔다. 서울 집값이 천정부지로 치솟자 정부는 2020년 7월 10일 다주택자와 단기 거래에 적용하는 종합부동산세 세율을 올리고, 양도소득세와 취득세도 올렸다. 전강수는 보유세를 올리지 않으면 부동산 문제는 해결되지 않는다고 본다. "보유세가 좋은 세금으로 평가받는 것과 달리 부동산 거래세는 거래를 위축시킨다는 의미에서 나쁜 세금으로 분류된다"(160쪽). 그런데 한국은 부동산 보유세는 낮은 반면 거래세 비중은 71.3퍼센트로 OECD 35개국 중 라트비아(88.9퍼센트)와 터키(79.1퍼센트) 다음으로 높다. GDP 대비 토지 자산 배율을 보면 한국은 11개국 중 최고 수준이다.

높은 땅값은 부동산 공화국을 상징한다. 국부 구성에서 토지 비율이 지나치게 커서 기계 장치, 농작물, 산림 자원과 수자원, 지식 재산권, 기타 자연 자원 등 미래 사회 준비와 삶의 질에 큰 영향을 미치는 부분은 취약하다. 2016년 기준 한국의 부동산 불로 소득은 무려 374조 6000억 원으로 2008년 264조 6000억에서 꾸준히 늘고 있다. 너도나도 땅 투기에 뛰어드는 이유는 얻을 수 있는 불로 소득이 그만큼 큰데다가 성공이 확실히 보장되기 때문이다(남기업·전강수·강남훈·이진수, 〈부동산과 불평등 그리고 국토보유세〉, 2017).

땅이 아닌 땀이 대우받는 세상

전강수는 보유세 개편 시나리오별 세수 효과를 추계해 해결책을 제시한다. "최소한 종부세의 과표 구간과 세율을 노무현 정부 때로 복원하고 공시 가격 실거래가 반영률을 70퍼센트 조정하면 전체 보유세를 3조 6000억 증가시킬 수 있다"(227쪽).

또한 전체 토지 보유자에게 세금을 부과하는 국토보유세를 도입해 부동산 공화국을 해체하자고 한다. 건축 활동을 위축시키는 비효율을 낳기 때문에 건물에는 과세하지 않는다. 조세 저항을 염려하지만 국토보유세 세수 순증분을 모든 국민에게 똑같이 분배하는 토지 배당을 실시하면 된다. 그러면 현행 보유세 제도가 지닌 근본 문제로 지적되는 용도별 차등 과세도 폐지되고 모든 토지를 인별 합산해 누진 과세를 하게 된다.

2018년까지 공시 지가가 20퍼센트 상승한다고 가정하면 2018년 국토보유세 수입은 17조 5640억 원으로 추산된다. 종부세 폐지에 따른 국토보유세 세수 감소를 약 2조 원으로 보면 국토보유세 도입에 따른 세수 순증분은 약 15조 5000억 원으로 추산돼, 2018년 인구수로 나누면 일인당 연 30만 원이 된다.

2018년 기준 토지 배당 수혜자는 전체 가구의 94퍼센트가 되며, 제도 도입을 늦추면 국토보유세 세수가 늘어나기 때문에 토지 배당 액수도 증가할 가능성이 크다. 결국 특권 과세를 강화해 부동산 공화국을 해체하고, 그 혜택을 모든 국민에게 기본소득으로 지급해 지속 가능한 대한민국을 만들자는 것이다.

새로운 세상을 만들어가는 사람들

《부동산 공화국 경제사》에 보론으로 실린 대천덕 신부 이야기도 감동적이다. 미국 성공회 선교사 대천덕 신부는 아버지가 중국과 한국에서 선교 사역을 한 덕분에 중국에서 태어나고 자랐다. 그래서 가난 문제를 깊이 고민했다. "나는 우리 가족이 상대적으로 잘산다는 점에 죄책감을 느꼈고 가난의 원인과 가능한 해결책을 알아내려고 계속 노력했다." 아내를 통해 헨리 조지의 사상을 듣고 매료된 대천덕 신부는 구약 성서의 희년법과 헨리 조지의 경제 이론이 빈곤을 해결할 수 있는 대안이라고 확신해 세상을 떠날 때까지 줄기차게 노력했다.

말년에 후배 신부가 대천덕 신부에게 물었다. "마지막으로 하고 싶은 말씀이 무엇이냐고 묻는다면 뭐라고 대답하시겠습니까?" 대천덕 신부는 대답했다. "땅은 하나님의 것이다." 후배 신부가 또 물었다. "그러면 그것을 위해 우리가 구체적으로 해야 할 일이 무엇이라고 생각하십니까?" 대천덕 신부는 대답했다. "지붕 위에 올라가 외치시오."

1800년 중후반에 산 경제학자 헨리 조지, 2002년 세상을 떠난 대천덕 신부, 대천덕 신부를 만난 뒤 27년간 토지 정의 운동을 하는 전강수 교수와 토지 정의 운동가들을 보면서 다시 느낀다. 세상을 망치는 것도 사람이지만, 따뜻한 가슴과 실천하는 용기를 갖고 살 만한 세상을 함께 만들자는 큰 울림을 주는 것도 결국 사람이다. 모두 지붕 위에 올라가 외치자!

2021년 3월 16일

늘어나는 이주민과
민주주의의 위기

김원규

민주주의가 합법적으로 무너진 사례를 분석한 《어떻게 민주주의는 무너지는가》는 민주주의 파괴 세력의 특징을 네 가지로 정리한다. 첫째, 헌법 등 민주주의 규범에 대한 거부, 둘째, 정치 경쟁자에 대한 부정, 셋째, 폭력에 대한 조장이나 묵인, 넷째, 언론과 정치 경쟁자의 기본권을 억압하려는 성향이다. 이런 특징을 지닌 전형적 인물은 아돌프 히틀러 같은 극단주의 선동가다. 선동가는 언제 어디서나 있을 수 있다. 문제는 이런 선동가가 유력 정치인으로 성장할 수 있는 사회적 조건이다. 양극화가 심해져 사회 성원 다수가 기존 체제에 희망을 포기하는 상황이 가장 대표적이다. 암울한 현실이 나아지지 않는다고 느낄 때 자극적 선동은 무더운 날 청량음료같이 느껴질 수 있다.

경제적 불평등, 20세기 후반부터 급격히 악화

토마 피케티는 《21세기 자본》에서 2차 대전 뒤 완화된 경제적 불평등이 20세기 후반부터 다시 급격히 나빠지고 있다고 지적한다. 통계청 2020년 4분기 가계 동향 조사에 따르면 소득 하위 20퍼센트인 1분위 가구의 근로 소득은 1년 전보다 13.2퍼센트 감소한 반면 최상위 5분위 가구의 근로 소득은 1.7퍼센트 늘어 상하위층 소득 격차가 최대로 벌어졌다. 추세적으로 확대되던 소득 격차가 코로나를 겪으면서 더욱 심해지고 있다.

한국 현대사는 목숨 건 투쟁과 민주주의 확대의 역사다. 1980년 광주 항쟁은 일시적으로 진압됐지만, 1987년 정부 선택권을 되찾은 뒤 시민들의 정치적 진출은 거침없었다. 따지고 보면 30년을 갓 넘겼다. 웬만한 풍파에 끄떡하지 않을 정도로 뿌리가 튼튼하다고 보기는 어렵다. 극단주의 선동가는 사람들을 좌절시킨 문제를 풀 해법을 민주주의 시스템 아래 진지하게 모색하는 대신 사회적 약자 탓으로 돌려 분노를 자극하는 방식을 흔히 쓴다. 히틀러가 유대인을 독일 사회를 붕괴시키는 기생충이라 한 일이 대표적이다. 이렇게 민주주의는 파괴된다. 한국에서 이런 현상이 나타날 가능성은 없을까?

이주민 250만 명 시대

출산율은 갈수록 하락해 급기야 2019년에는 OECD 국가 중 최하위가 됐다. 한국으로 들어오는 이주민은 2019년 250만 명을 넘겼고, 계속 늘어날 것이다. 다문화 사회가 될 수밖에 없는 상황이다. 그런데도 이주민은 모든 권리의 기본이 되는 한국에 머무를 자유와 정치적 기본권을 누리지 못한다. 사회에서 가장 가난하고 취약한 집단이 그 사회의 온갖 모순을 떠안는 선례는 역사에서 숱하게 나온다. 미국의 흑인이나 일본의 재일 동포들이 지금도 어려움을 겪는다. 극단주의 선동가가 양극화에 지치고 좌절한 사회 성원들을 향해 배척과 혐오를 선동하면서 민주주의를 부정할 때 한국 사회는 굳건히 버텨낼 수 있을까? 돈이 모든 가치의 블랙홀이 되고 생활의 기본인 집값이 천정부지로 뛰는 상황에서 갈수록 일자리를 찾기 힘든 청년들은 민주적 가치를 수호할 수 있을까?

모든 사람이 평등하고 존엄한 존재

한국 사회는 민주주의를 지키기 위해 양극화 완화에 전력을 다해야 하며, 더불어 이주민을 포함한 우리 사회의 모든 사람이 평화롭게 살 수 있게 준비해야 한다. 2011년 노르웨이를 다문화 사회로 만든 이민자들에 맞서 전쟁을 벌인다며 무고한 시민 77명을 살해한 테러리스트가 있었다. 이 테러리스트를 변호한 변호사는 테러에 맞서 민주주의를 지키려면 어릴 때부터 모든 사람이 평등하고 존엄한 존재라는 사실을 가르치는 민주 시민 교육을 강화해야 한다고 강조했다.

민주주의를 지킬 수 있는 시간이 생각보다 많지 않을 수 있다. 많은 이주민이 사는 부천에서 민주 시민 교육을 획기적으로 강화할 수 없을까? 부천시, 부천시의회. 시민단체가 함께 손을 맞잡으면 좋겠다.

2021년 5월 24일

계속 부천에서
살래?

정종원

요즘 가장 뜨겁고 내 일처럼 다가온 이야기가 부동산이다. 의식주인 '집'의 의미는 크다. 스무 살에 고향을 떠난 뒤 지금까지 늘 집은 고민거리였다. 다른 나라에서 공부할 때 처음 구한 집은 허름하고 낡은 반면 학교 근처인데다 뉴욕 주변부인데도 400달러밖에 되지 않아 가성비가 좋았다. 여러 룸메이트하고 함께 생활해야 하는 불편을 받아들이며 살았다. 군대도 다녀오고, 하숙도 해보고, 기숙사에도 오래 살고, 웬만하면 그러려니 하는 무던한 성격이지만, 문화적 배경이 다른 전세계 유학생들 사이에 섞여 살기는 매우 힘들었다. 가장 큰 어려움은 소음이었다. 다들 늦은 밤까지 시끄럽게 음악을 듣고 카드놀이나 파티를 했다. 우범 지대라 총소리, 경찰차와 구급차 사이렌 소리가 밤마다 울려댔다. 불면증에 시달리던 9월 어느 밤, '다다다다다다' 따발총 소리가 들렸다. 여기서 도저히 살 수 없다고 생각했다. 학교에서 멀어 차를 사야 하고 방값도 비싸지만 마음씨 좋은 중국인 공대생이 살고 있는 평화로운 집을 구해 이사했다. 이사한 날은 10월 1일 국군의 날이었고, 나는 말할 수 없는 행복을 느꼈다. 3.5평 작은 방이 어머니 품인 듯 꿀잠을 잤다. 지금도 집은 마음의 평온을 주는 공간이라 여기며 살아간다.

집, 투자의 도구 또는 자녀 교육의 베이스 캠프

한국에 취직해 살 곳을 구하면서 느낀 집은 또 다른 의미가 있었다. 부천에 집을 구하자 지인들은 계속 부천에 살 생각이냐, 이사 안 하냐, 아이 생각하면 강남이나 목동으로 가야 하지 않냐며 질문과 조언을 쏟아냈다. 질문과 조언에는 집이란 평안과 안식을 주는 가족의 공간이 아니라 투자의 도구나 자녀 교육의 베이스캠프라는 의미가 담겨 있었다.

나는 속세의 유혹이나 물욕에서 해탈한 사람이 전혀 아니다. 물욕이 넘치고 소유욕 때문에 늘 내적 갈등을 한다. 오늘도 69달러짜리 타이맥스 필드 시계를 직구할지 말지 고민하고 있다. 아무래도 살 듯하다. 그런데도 집을 투자나 자녀 교육의 전초 기지로 생각한 적은 없다. 학교에서 멀지 않고, 살기 편하고, 가족들이 함께하면 그만이다. 일부는 은행 몫이지만, 부천 우리 집은 세상 온갖 편리함을 갖춘 최고의 입지에 있다고 여긴다. 그 어떤 곳보다 사치스럽기 그지없다며 복에 겨워하고 감사하면서 살고 있다.

집은 언제부터 돈벌이 수단이 됐을까? 보고 듣는 부동산 이야기는 우리 이야기가 맞을까? 부동산 기사를 읽으면 부동산에 투자하지 않는 사람은 세상을 잘 살지 못한 이처럼 느껴진다. 똘똘한 한 채를 사지 못하는 사람은 세상 물정을 잘 모르는 숙맥이고, 강남에 있는 작은 아파트를 사면 진정한 승자가 된다. 부동산 가격이 너무 올라서 나라 망한다고 난리를 치면서도 부동산을 안정시키려 종부세, 보유세, 양도소득세 등을 개편하면 세금만 올린다고 불평한다. 세금 폭탄 이야기가 마구 쏟아지니 나도 나라에 내 돈을 빼앗기는 기분이다. 그런데 전 국민의 8퍼센트만 종부세를 낸다. 공시 지가 9억 미만인 공동주택의 92퍼센트는 오히려 세금이 줄었다. 15억짜리 집을 가진 1주택자는 300~400만 원 정도 세금을 내니 감당하지 못할 정도는 아니다. 4000만 원짜리 그랜저에 붙는 자동차세가 65만 원 정도이니 주택에 매기는 세금이 오히려 적어 보이기도 하다.

부동산은 올라야 하고, 세금은 내기 싫고

자본주의 사회에서 내 돈으로 투자하겠다는데 누가 뭐라 하느냐고 반문할 수 있다. 돈을 벌고 싶은 마음을 부정하지 않지만 소득 있는 곳에는 세금이 당연히 따라온다. 부동산 가격이 올라 차익이 생기면 차익에 해당하는 소득에 세금을 매겨야 한다.

부동산 가격 상승이란 어떤 의미일까? 부동산 자체의 가격이 아니라 그 부동산이 자리한 입지의 가치가 올랐다는 말이다. 강남 30평 아파트나 지방 30평 아파트는 입지만 빼면 모양새는 거기에서 거기다. 강남이라는 입지는 누가 개발하고 기반시설은 누가 깔았을까? 국가가 만들고 국가가 관리한다. 공기처럼 늘 우리는 잊고 있지만 국가와 정부가 모든 장소와 순간을 함께한다. 세금을 걷어 기반 시설을 개선한 곳에서 부동산값이 오르는 모습을 보면 세금은 부동산 상승에 한몫한다. 그렇지만 국가와 정부가 시장에 부동산 개발을 맡기면서 공동체의 관점으로 개발해야 할 국토는 돈벌이 수단으로 전락했다. 개발이익은 주거 안정과 보편적 주택 보급에 쓰이지 않고 기업의 막대한 부와 일부 계층의 재테크 수익으로 이어졌다. 주거 여건을 개선한다는 재개발 사업은 주거가 아니라 주민을 바꿔버렸다. 재개발 사업 원주민 정착률은 20퍼센트가 채 안 된다. 강남 부자들이 그 많은 아파트를 다 차지하는 듯하지만, 강남도 자가 비율은 35퍼센트밖에 되지 않는다. 강남에 집이 있지만 살지 못하고 전월세를 주는 사람이 많다.

부동산 이야기가 나하고 관계 없을 수도 있다. 고향에 사는 내 어머니는 시세 1억 원인 34평 아파트에서 잘살고 있다. 부천 시민 대다수도 집과 삶에 만족하며 살아간다. 집값이 올라 세금도 오르는 일이 탐탁지 않을 수 있다. 언론만 보면 평범한 사람들은 없는 듯하다. 부동산과 교육에 열광하지 않으면 초라해지는 세상을 만들려는 사람들은 누구일까. 당신들의 대한민국이 아니라 우리들의 대한민국을 이야기하자.

2021년 6월 8일

세대 간 정의와
주택 문제

주성돈

밀레니얼 세대는 민영화 강화, 공공 서비스 약화, 경제적 불평
등 증가 속에서 성장했다. 밀레니얼 세대는 정보 기술에 능통하
고, 대학 진학률은 높지만 학자금 대출이 많고, 2008년 글로벌
금융 위기 때문에 평균 소득이 낮다. 불안한 고용 시장에서 일
은 일대로 하고 돈은 돈대로 모으기 힘든 세대다. 고등 교육 확
대와 디지털 혁명을 포함해 밀레니얼 세대가 누린 혜택을 지적
하는 사람도 있다.

치솟는 집값과 양극화, 그리고 청년들

밀레니얼 세대(1980~2004년 출생) 전에 X세대(1965~1980년
출생)와 베이비 붐 세대(1944~1965년 출생)가 있었다. 시장 경
쟁과 효율성의 가치, 민영화, 탈규제, 노동시장 유연화를 앞세
운 신자유주의 경제에 세계화가 결합하면서 생긴 충격은 어떤
집단보다도 밀레니얼 청년 세대에 집중됐다. 선진국도 청년 노

동시장이 약화되고 고용 조건도 불안정하다. 지난 30년 동안 선진국에서 평균 소득은 정체되거나 조금 증가한 반면 생활비가 오르고 일자리가 불안정해지면서 소득 불평등도 커지고 있다. 반면 부유한 세대와 가구는 더 많은 부를 축적한다.

주택 가격이 급등하는 현실을 바라만 보거나 부모가 도와줘야 주택을 살 수 있다. 미국의 주택 가격은 인플레이션의 2배, 가계 평균 소득보다 1.5배 빠르게 상승했다. 중산층 비중도 점점 줄고 있다. 치솟는 집값과 중산층 소멸 등 양극화 속에서 18~29세 사이 청년들은 생활비 상승과 낮은 임금에 시달린다. 여섯 개의 직업 중 하나는 자동화될 위험에 놓여 있다. 베이비붐 세대처럼 집을 소유하고 고등 교육을 받을 기회를 밀레니얼 세대는 누릴 수 없다는 의미다. 요즘 선진국 청년들이 사회 구조를 비난하거나 경제적 취약성과 불안정성을 지적하기 시작했다. OECD는 더 값싼 주택 건설, 단체 교섭 장려, 여성의 노동 참여를 높일 더 나은 유급 휴가 정책, 자본 이득에 적극적으로 세금을 부과하는 정책 등 적극적인 정책 변화를 권한다.

주택 위기는 세대 간 정의의 문제

영국에서도 밀레니얼 세대의 주택 문제가 대두됐다. 영국 베이비 붐 세대는 전후 노동 계급을 대상으로 한 사회 주택의 혜택을 받았다. 모기지론 등 세금 감면 제도는 2000년에 폐지됐다. 2008년 9월 글로벌 금융 위기에 대응해 영국은 빈곤층을 겨냥한 공공 주택과 사회 주택 등을 축소했다. 청년들은 더 높은 임대료를 지불했다. 대학 학위, 불안정한 노동시장, 부동산 상승은 밀레니얼 세대와 베이비 붐 세대를 구별하는 지표다. 2014년 유럽연합 청소년(15~29세) 중 7.8퍼센트가 질 낮은 주택에 산다. 유럽연합 청년의 25.7퍼센트가 과밀한 주거 환경에 시달리고, 13.6퍼센트는 가처분 소득의 40퍼센트 이상을 주택 비용으로 지출했다.

밀레니얼 세대가 베이비 붐 세대에 분노를 드러내는 반면 베이비 붐 세대는 밀레니얼 세대에게 많은 지원을 한다. 모기지론 비용과 임대료 등을 직접 주거나 성인 자녀가 부모 집에서 계속 지내는 비재정적 지원도 한다. 이런 지원을 받지 못하는 '흙수저'도 많은데, '금수저'가 상징하는 부의 대물림도 양극화의 원인이 된다.

지금까지 주택 소유나 임대료 인상 상한 논쟁에서 세대 간 관점을 무시했지만, 주택 위기는 세대 간 정의의 문제다. 베이비 붐 세대는 부동산 소유권과 임대 소득이라는 혜택을 받았지만, 청년 세대는 그렇지 않다. 저가격 주택을 찾는 수요가 늘면서 저소득층이나 중간 소득층의 임대료 부담이 커졌다. 영국 남동부나 많은 유럽 지역에서 1980년대에 첫 주택 구입 가격은 급여의 3~4배였지만 2010년대에는 10~12배가 됐다. 부동산 소유권은 급여 차이보다 세대 간 불평등의 훨씬 더 큰 원인이 됐다.

민주주의에 환멸 느끼는 밀레니얼 세대

캠브리지 대학교 산하 민주주의미래센터는 160개 이상 나라에서 1981~1996년에 태어난 밀레니얼 세대는 다른 어떤 연령대보다 민주주의에 덜 만족한다고 분석했다. 세대 간 불평등과 부의 격차가 민주주의를 향한 환멸을 불러일으킨다는 것이다. 민주주의 이후에 성장한 청년 세대는 독재 정권이나 정치적 자유를 위해 부모가 치른 전쟁을 기억하지 못하기 때문이다. 2008년 글로벌 금융 위기가 일어나기 전까지 밀레니얼 세대는 부모보다 민주주의에 더 열광했지만, 그 뒤 청년 실업과 부의 불평등이 심해지면서 많은 청년이 경제적으로 배제됐다. 캠브리지 대학교의 로베르토 포아 박사는 부가 세대에 걸쳐 균등하게 분포된 국가들은 민주주의에 관한 인식의 차이가 작지만 부의 격차가 큰 국가에서는 인식 차이가 크다고 말한다.

베이비 붐 세대와 밀레니얼 세대의 갈등은 신문 헤드라인을 장식하는 데 효과적이다. 그러나 사회의 고통을 해결하지는 못한다. 세대 간 비난 게임은 부와 기회의 격차에 주의를 환기시키기를 바라지만, 실제적인 빈곤과 불평등에서 초점을 멀어지게 한다. 한국은 상위 10퍼센트 가구가 전체 순자산의 42퍼센트를 소유한다. 베이비 붐 세대의 자산 불평등 현상은 세대 간 부의 불평등을 더 심화시킨다. 이런 악순환을 끊으려면 정부는 근본적이고 체계적인 청년 주택 정책을 마련해야 한다.

2021년 6월 15일

'공정'과 '운' 사이,
나

정종원

무엇이 행복을 좌우할까? 좋은 대학만 가면 된다고 생각했는데, 대학을 졸업하니 취업, 결혼, 육아, 내 집 마련, 자녀 양육, 퇴직, 노후 등 신경쓸 일이 너무 많다. 언제쯤 행복해질지 궁금하다. 2019년 부천YMCA에서 실시한 '부천 도시지표조사'에서 살면서 가장 힘든 일이 뭐냐고 물었다. 대답은 내 집 마련(15.8%), 건강(15.3%), 자녀 교육(15.1%), 양육(11.4%), 공부(9.2%), 노후 준비(8.2%) 순이었다. 이런 일들을 해결하기 쉬울까? 꼭 그렇지는 않다.

인간의 행복 두 가지, 국적과 부모

행복에 가장 큰 영향을 주는 두 가지는 국적과 부모다. 국적은 개개인의 삶을 규정하는 가장 큰 전제 조건으로, 나는 한국이라는 적당히 잘살고, 자유가 있고, 매일 정부를 욕해도 괜찮은 나라에서 살고 있다. 북한 또는 어느 가난한 나라에서 태어난 사람은 어떨까? 국적보다 더 영향이 큰 요인은 부모다. 부모만 잘 만나면 국적이 어디든 편하게 살 수 있다. 특권층과 상류층은 어디나 있다. 나쁜 짓을 해도 재벌 자녀는 벌을 잘 받지 않는다. 돈이 많으면 사교육이나 다양한 도움을 받을 기회도 늘어난다. 이 나라에서 태어나고 싶어서 태어나지도 않았고, 내 부모를 선택해서 태어나지도 않았다. 우리는 모두 그렇게 살고 있다. 삶은 '운'이 결정하는지도 모른다.

하버드 대학교를 나온 박사 교수도 있지만, 지방대 박사도 교수가 된다. 어떤 이는 30대 초반에 교수가 되지만, 어떤 이는 쉰 살을 넘겨 겨우 교수가 되기도 한다. 다른 분야도 마찬가지다. 진인사대천명이라는 말을 떠올리며 일단 열심히 하고, 그다음은 운이 따라야 뭔가가 된다. 대학에서 일하는 내 기준으로 볼 때 '운칠기삼運七技三'은 매우 정확하게 적용된다. 아주 훌륭한 학자이고 공부도 잘하는데 교수가 되지 못하는 사람이 부지기수다. 연구 업적이 조금 부족해도 어떤 이는 떡하니 좋은 대학의 교수가 되기도 한다.

한 학교에 좋은 대학을 나오고 취직도 잘하지만 결혼을 잘못해 인생이 꼬인 친구들이 여럿 있다. 결혼까지 잘하지만 건강이 좋지 못해 벌써 이 세상을 떠난 친구도 몇 있다. 너무 안타깝다. 학창 시절 대학이 모든 것을 결정하는 듯하지만, 고교 동창 중 가장 돈을 많이 번 동창은 지방대 중퇴 학력이다. 아주 공부를 잘해서 한국에서 가장 좋은 의대 중 한 곳에 진학한 선배는 얼마 전에 파산하고 이혼했다. 공부를 잘해도 소용이 없다는 말이 아니다. 공부 잘하고, 좋은 대학 가고, 좋은 직장에 취직하면 그만큼 잘살 수 있는 가능성이 높다는 일반론을 부정하고 싶지는 않다. 그러나 우리 인생은 '케이스 바이 케이스'이고 운칠기삼 같다는 생각을 해본다.

엠제트 세대의 공정

'엠제트ᴹᶻ 세대'의 '공정'을 생각해본다. MZ세대는 1981~1996년생 M세대와 1997~2010년생 Z세대를 함께 부르는 말이다. MZ세대의 화두는 공정이다. 국적이나 부모를 고를 수 없듯 인생의 출발점은 '랜덤'이다. 출발점이 다르기 때문에 불공평하게 세상을 살아갈 수밖에 없다. 유복한 집안의 자녀와 가난한 집안의 자녀는 성장 과정 자체가 다르다. 그리스와 로마의 역사를 어떤 아이는 책으로 배우지만, 어떤 아이는 비행기를 타고 가서 직접 본다. 유복한 집안 아이는 청년이 돼 실패해도 다시 일어나 도전할 수 있다. 그렇지 못한 청년은 원하지 않는 직장을 받아들일 수밖에 없다. 세상은 불공정으로 가득해 보인다.

불공정에 분노한 MZ세대가 하나가 돼 불공정을 타파해서 공평하고 정의로운 사회를 만들려는 줄 알았다. 그러나 아니었다. MZ세대가 말하는 '공정'은 개인주의적이고, 기계적이고, 형식적이고, 감정적이고, 약육강식 논리에 빠진 '공정'이었다.

능력주의와 공정

MZ세대의 공정은 뭘까? 한마디로 능력주의다. 능력이 있으면 만사형통이다. 어떻게 형성된 능력이든 상관없다. 유복한 가정이든 아니든 상관없다. 능력이 중요하다. 다면적이고 다채로운 능력 평가보다 표준화된 시험, 계량화된 잣대만으로 평가해야 한다고 믿는다. 세상에서 가장 공정한 게임이 공무원 시험이라며 매달리기도 한다. 공정의 기본 단위는 공동체나 사회가 아니라 바로 '나'다. 내 관점에서 공정하면 공정이고, 아니면 다 아니다. 미래적 관점이나 공동체적 관점은 사라지고, 당장 내 눈앞에 손해가 돌아오면 불공정하다고 규정한다. 불공정을 바라보는 관점이 감정적인데다가 개인주의적이고 파편화된 현실에 놀라지 않을 수 없다. 강한 사람이 성공하고, 그래야 공정하다는 약육강식 논리에 허탈해진다. 비정규직 문제와 임금 격차를 당연시하는 MZ세대 청년들을 매일 만나는 나는 하루하루 번뇌의 연속이다.

2021년 5월 한국방송이 실시한 '세대인식 집중조사'에서 청년들은 비정규직, 학력, 출신 대학, 남녀 임금 차이에 관한 긍정적 인식이 다른 세대보다 높았다. 특히 청년 여성이나 다른 세대보다 청년 남성이 더 높았다. 비정규직 문제를 기업이 알아서 할 문제라고 생각하는 비율이 44.1퍼센트로 나타나, 공동체가 함께 고민해야 할 문제를 개인과 기업의 문제로 치환하고 있었다. 또한 기회가 되면 자기 것을 타인들하고 나누겠다고 대답한 비율도 다른 세대에 견줘 크게 낮았다.

2021년 6월 공개된 '딜로이트 글로벌 MZ세대 서베이 2021'에 따르면 한국 M세대의 73퍼센트와 Z세대의 76퍼센트가 부와 소득의 분배가 불공정하다고 느끼며, 다른 나라의 MZ세대가 정부와 공동체적 해결 방안을 선호하는 반면 시장 보수주의적 방식을 선호한다. 불평등 문제를 사회적이고 구조적인 문제가 아니라 개인이 해결할 문제로 여긴다는 말이다. 다른 사람이 겪는 고통에 공감하기보다는 당장 내 눈앞에 닥친 문제에 더 관심이 크다는 뜻이다.

불안한 삶과 절박한 생존 사이에서

나는 정답을 찾지 못했다. 신자유주의 시대가 종언을 고하는 과도기적 상황, 코로나19 경제 위기, 어려운 취업, 부동산 문제 등이 복합적으로 작용해 불안감을 증폭시키고 정부와 공동체가 문제를 해결할 수 있다는 신뢰를 잃은 탓일까 추측할 뿐이다. 나 같은 X세대들은 경제적 위기와 불안을 느끼면서도 미래를 낙관했다. 그런데 딜로이트 글로벌 조사에서 상황이 개선될 수 있다고 전망하는 MZ세대는 30퍼센트가 채 안 됐다.

결국 생존과 삶의 문제다. 문제가 해결되지 않는다는 비관적 전망과 내 삶이 개선되지 않을 불안, 내가 그리는 삶을 살 수 없다는 불확실성을 기성세대가 만들었다. 그런데도 기성세대는 꼰대처럼 MZ세대에게 싸가지 없다고 말한다. 청년들을 이해하려 노력하고, 어떤 일을 해야 할까 고민해야 한다.

2021년 7월 13일

주식을 공부하면 돈을 벌 수 있을까

정종원

국제통화기금IMF 사태를 겪으면서 국제 경제의 흐름과 세계화 등에 관심이 급증했다. IMF를 극복하면서 경기가 부양되고, 다양한 금융 상품과 주식 투자 등을 향한 호기심이 높아지고, 닷컴 버블로 불린 벤처 기업 열풍으로 투기 심리가 매우 높아졌다. 대학에도 주식 투자 교과목은 수강 신청이 조기 마감됐고, 주식 동아리가 생겨나기 시작했다. 모의 주식 투자 대회 등이 개최되고, 주식 투자가 대중적으로 확산돼 사람들이 주식을 공부하기 시작했다.

주식 공부의 고단함과 손절의 추억

이때가 2000년대 초였다. 나도 이런 분위기에 편승해 아르바이트로 모은 돈과 노트북 사라고 받은 용돈을 주식에 투자해 한때 수익률 250퍼센트를 자랑하지만 결국 원금의 3분의 1만 건진 뒤 '손절'하고 말았다. 공부가 부족하다는 생각에 주식 투자 책을 탐독하고, 국제경제론과 금융투자론 같은 교과목도 수강하면서 투자 이론과 투자 사례를 학습했다. 환율이 떨어질 때 미국 달러를 사고, 환율이 오를 때 수익을 내고, 우량 주식에 넣고, 환율이 떨어지면 다시 주식을 팔아 달러를 사는 전략을 적극 추천한 교수의 열강을 아직도 잊지 못한다. 결과적으로 이 전략은 어느 정도 통했다. 환율이 떨어질 때는 한국 기업들의 주식이 오르고 환율이 오를 때는 한국 기업들의 주식이 떨어지는 경향이 있었다. 그런데도 교수가 투자에 성공한 이야기는 듣지 못했다.

코로나19로 전세계 주식 시장이 상당히 성장하고, 수익을 낸 투자자들도 있다. 그러나 주식이나 금융 상품으로 돈을 번 이야기를 하는 사람을 주위에서 별로 본 적이 없다. 단기적으로 낸 수익은 자랑해도 장기적으로 큰돈을 번 이야기는 좀처럼 듣기가 어렵다.

얼마 전 삼성전자는 2021년 3분기 실적이 70조 원이라고 발표했다. 가장 높은 분기 수익을 거둔 시점인데도 삼성전자 주가는 7만 원대 초반으로 내려앉았다. 시가 총액도 700조 원 아래로 내려왔다. 상식으로 설명이 되지 않는다. 얼마 전에는 코스피 지수도 3000대가 무너졌다. 원인을 분석하는 기사와 전문가 진단이 숱하게 쏟아지지만, 수긍이 되지 않는다. 투자 열풍이 불어 너도나도 주식을 한다. 직장인들 점심시간, 주식은 당연한 레퍼토리다. 누구도 행복한 사람이 없어 보인다. 수백만 원을 투자한 지인은 잃어도 좋은 돈이어서 마음은 편하다고 하면서도 일과 중 수십 번씩 주식 앱을 열어 조금 오른다고 기뻐하고 조금 떨어진다고 실망하는 일을 되풀이하고 있더라고 말한다. 사람들은 그때 팔걸 하고 아쉬움을 토로하면서 더 공부해야겠다는 말을 덧붙인다.

침팬지처럼, 행복한 주식 투자

공부를 하면 오르는 주식과 떨어질 주식을 판별할 수 있을까? 7퍼센트 수익을 유지하는 비법을 탐구하면 7퍼센트 수익률을 유지할 수 있을까? 현실은 그렇지 않다. 주식으로 떼돈 번 사람은 저 멀리 소문으로만 존재한다. 주식으로 한몫 잡고 싶은 많은 사람들이 정보도 주고받고 공부도 열심히 하지만, 그런 노력은 결코 만족할 만한 수익률로 돌아오지 않는다. 스트레스와 짜증이 부작용으로 돌아올 뿐이다.

주식 투자 대회에서 날고 기는 투자 전문가들을 제치고 무작위로 투자한 침팬지가 우승한 이야기가 있다. 사실이건 아니건 주식 시장 변동성은 예측할 수 없으며 높은 위험을 내포하고 있다. 왜 사는가? 행복하려고 살지 않는가? 주식 투자도 행복하고 즐겁게 할 수 있으면 좋겠다.

2021년 10월 11일

소셜 미디어와
가짜 뉴스

주성돈

미디어는 사회 발전에 큰일을 하지만 뉴스의 공정성은 여전히 문제다. 미디어는 비판적이고 독립적이어야 하지만, 주류 미디어는 사회적, 경제적, 정치적 지배력에 더 집착할 때가 많다. 영리 기업이 미디어를 소유하면서 이익만 고려하다가 공정성이 훼손되는 모습을 종종 목격한다. 기사를 검증할 시간이 거의 없는 기자들은 특종 경쟁만 한다.

소셜 미디어는 민주주의에 부정적인 영향도 준다. 소외된 집단이 정치에 참여할 수 있는 통로가 되지만, 반대 의견을 잠 재우고 잘못된 정보를 퍼트려 공동체를 긴장에 빠트릴 때도 있다. 가짜 뉴스가 대표적이다. 겉으로 드러난 '증상'에 맞춰 법만 새로 만든다고 해서 진짜 '원인'이 없어지지는 않는다. 가짜 뉴스 피해가 온라인에서 두드러지는 탓은 정보 확산 속도가 빠르고 대중이 가짜 뉴스에 관심을 갖기 때문이다.

한국 언론, 불신 팽배

한국 기자들은 '기레기'라는 불명예스러운 표현을 달고 살아간다. 많은 언론사가 권력 집단에 편향돼 객관적이지 않은 기사를 객관적으로 보이게 하려고 가짜 뉴스를 남발한다. 가짜 뉴스란 사실, 사건, 진술에 관한 인식을 조작하려는 의도로 작성된 검증 가능한 거짓 기사를 의미한다. 완전히 거짓이거나 조작된 이야기이지만, 정보를 오도하는 기사도 포함된다.

경찰은 가짜 뉴스를 '실제 언론 보도처럼 보이도록 가공해 신뢰도를 높이는 방식으로 유포되는 정보'로, 한국언론진흥재단은 '정치·경제적 이익을 위해 의도적으로 언론 보도 형식을 하고 유포된 거짓 정보'로 정의한다. 뉴스 형태를 띠며, 어느 정도는 '팩트'에 기반하지만, 핵심 내용을 왜곡하거나 조작한다. 가짜 뉴스의 강력한 파괴력은 유통 구조에서 나온다. '찌라시'는 단체 카톡방 위주로 음성적으로 퍼지는 반면 가짜 뉴스는 공개적이다. 인터넷 커뮤니티에서 호응을 얻으면 유튜브, 페이스북, 카톡, 트위터 등으로 2차 확산된다.

2018년 타이완에서 지방 선거를 치른 직후 유권자 1068명을 상대로 무작위 온라인 설문 조사를 해보니 가짜 뉴스가 투표에 큰 영향을 미쳤다. 50퍼센트 이상이 사실을 정확히 모른채 투표했다. 특히 가짜 뉴스 분별력이 가장 낮고 정치적으로 중립적인 유권자들은 중국에 우호적인 국민당 후보에게 투표했다. 여성 유권자가 남성 유권자보다 가짜 뉴스를 더 많이 믿었고, 젊은 저소득층은 가짜 뉴스 분별력이 가장 낮았다.

진짜 뉴스와 가짜 뉴스를 구별하는 방법

전원을 끈다. 뉴스는 24시간 주기가 있다. 몇몇 미디어는 감정적 반응을 노리고 부정적인 이야기를 보도한다. 차라리 뉴스를 끄고 좋아하는 일을 하면 뉴스에 압도되지 않고 비판적으로 생각할 수 있다.

다음으로 뉴스 출처를 점검한다. 기사를 올리는 주체가 중요하다. 보도가 공정하고 오류가 없는지 확인해야 한다. 그러고는 잘못된 정보나 가짜 뉴스를 찾는다. 가짜 뉴스는 누군가를 속일 의도로 만들어진다. 클릭을 유도하고 기사에 반응하는 사람이 많을수록 가짜 뉴스는 더 빨리 퍼진다. 주장을 입증할 증거가 없거나, 헤드라인이나 이미지가 선정적이거나, 다른 미디어에 없는 기사 등은 가짜 뉴스일 가능성이 높다. 가짜 뉴스와 잘못된 정보를 확산시키는 소셜 미디어에 몰입하기보다는 가족이나 친구들하고 토론한다. 견해가 다른 사람들이 하는 이야기하고 귀를 기울인다.

마지막으로 기자는 저널리즘과 독자의 관계가 깨진 현실을 받아들이고 뉴스에 책임을 져야 한다. 보도 윤리와 책임감이 중요하다. 어떤 기자들은 오류를 수정하지 않거나 숨긴다. 사람들이 기자를 어떻게 생각하는지 이해해야 한다. 비판은 불편하지만, 그래야 비판과 오해를 예상하고 미리 대처할 수 있다.

2021년 11월 23일

'K-영어'의
시대

이창봉

한국 사람은 영어 단어 'wood'를 '우드'라고 잘못 발음한다. 왜 '옷'으로 발음하지 않을까? 일본식으로 잘못 배운 때문이다. 일본어는 단어의 음운 구성이 받침 없이 자음과 모음의 조합으로 된 개음절만 있다. 일본 사람은 대부분 모국어 간섭 현상 때문에 '우드'라고 발음한다. 한국은 이 일본식 영어 발음을 답습했다. 이 단편적 관찰은 외세에 휘둘리며 사대주의를 극복하지 못한 한국 현대사를 돌아보게 한다. 일제 강점기를 벗어난 탈식민 공간에서 한국 영어 교육은 비판적 인식에 바탕하지 못했다. 급속한 경제 성장 속에 영어 습득을 국가 경쟁력의 최우선 과제로 삼는 맹목적 영어 지상주의가 퍼졌고, 서구나 미국 숭배 풍조에 편승해 영어에 제국주의적 지배를 받았다.

'우드'와 '옷'

한국 영어 교육은 눈앞의 영어 습득에 매달려서 교육이 토대를 두는 사회적, 문화적, 정치적 요인에 관한 본질적 물음들을 차단했다. 그 결과 한국 사회에는 영어 교육에 관련된 다양한 오류가 만연했다. 서울시장 보궐 선거에 출마한 나경원 전 의원이 구 단위로 원어민 주도 영어교육센터를 2~3개 만든다는 공약을 했다. 한국 정치인들은 왜 영어 교육을 원어민이 해야 한다고 생각할까? 사설 학원에서 경쟁력 있는 프로그램과 유능한 교사를 선발해 저소득층 자녀 특화 영어 교육을 한다는 발상이 더 주체적이다. 로버트 필립슨은 《언어 제국주의Linguistic Imperialism》에서 영어 교육에 관한 다섯 가지 오류를 지적했다. 그중 한국 사회에서 가장 심각한 오류가 바로 '원어민 오류the native speaker fallacy'다. 한국 사회는 원어민에게 영어를 배워야 가장 효율적이라는 그릇된 인식이 팽배하다. 많은 원어민 강사들이 유입되고 '고비용 저효율'의 늪에 빠져 있다.

국내 영어 교육 전문가와 교사들의 수준과 능력도 훌륭하다. 영어 교육의 시대적 변화를 따라가지 못하고 한국 사회 전반의 영어에 관한 인식이 사대주의를 못 벗어나고 있다. 국내 영어 교육 자산과 인력을 적극 활용해 한국 특유의 주체성 있는 영어 교육 정책을 제안하는 정치인이 거의 없다. 세상이 빠르게 바뀌고 있다. 코로나 사태 이후 한국은 방역과 경제 회복이라는 두 마리 토끼를 성공적으로 잡은 모범 사례로 당당히 언급된다. 촛불 혁명으로 주권재민 모델을 만들고 아름다운 문화를 꽃피운 나라다. 한국 대중문화가 누리는 전세계적 인기는 한국의 세계적 위상이 허상이 아니라는 사실을 증명한다. 영어를 어떻게 인식하고 습득하고 교육할지를 둘러싸고 획기적으로 발상을 전환해야 한다.

'세계어로서 영어는 가고 세계의 영어 또는 세계를 위한 영어의 시대가 도래했다World English is out but world's English is in'고 주장하는 학자가 있다. 이 주장의 근간은 이제 획일화된 영어, 하나의 영어, 표준 영어라는 신화를 버리고 '한국의 영어' 또는 '한국을 위한 영어'로 승화하고 발전시켜야 한다는 발상이다. 그런 교육도 해야 한다는 의미다.

'K-영어'와 영어 교육 국산화

한국의 것을 영어로 표현하는 일이 매우 중요한 시대가 됐다. 영어를 숭배하고 기능 향상에 매달리는 자세에서 벗어나, 한국의 독창성과 우수성을 다른 나라의 언어 문화하고 비판적으로 비교하면서 영어를 주체적으로 습득하고 교육해야 하는 시대가 됐다. 영어 교육의 국산화가 시급하다.

한발 더 나아가서 한국의 영어 교육 상품을 수출할 정도로 경쟁력을 강화해야 한다. 당장 각급 학교 영어 수업에서 한국적 콘텐츠를 영어로 익히고 표현하는 수업을 하고, 토익 등 영미권 시험을 대체할 국제적으로 경쟁력 있는 공인 영어 시험을 개발해야 한다. 한국적 콘텐츠가 중심이 된 영어 학습서와 콘텐츠를 개발하고 수출해야 한다. 정치권과 영어 교육 전문 관료들도 획기적으로 의식을 전환해야 한다. 모든 교육 주체들이 참여하는 민주적인 논의와 합의를 거쳐 주체성을 살린 한국 특유의 독창적 영어 교육을 정립하자. 영어는 미국과 영국의 것이 아니다. 우리 것이다. 영어 국산화와 국제 경쟁력 강화로 세계를 주도하는 영어 교육 한류의 물결을 이끌어낼 저력이 우리에게는 있다.

2021년 11월 29일

젠트리피케이션과
도시 마을

주성돈

한국 경제는 놀라운 속도로 성장했다. 빠른 성장은 많은 이점이 있지만 문제도 남겼다. 도시가 발전하고 인구가 집중돼 도시화가 심해지자 도시에 사는 사람들이 외곽으로 이주하기 시작했다. 1990년대 말부터 대도시 중심으로 임대료가 빠르게 상승하면서 주민과 임차인들이 다른 지역으로 내몰기 시작했다. 이런 현상을 젠트리피케이션이라 한다. 젠트리피케이션은 낙후된 지역을 개발하거나 다시 활성화하는 등 도시 발전에 좋은 영향을 미치지만 원주민들이 쫓겨나는 부작용도 크다.

젠트리피케이션, 내몰리는 사람들

한국어로 대체할 단어조차 없는 젠트리피케이션의 사전적 정의는 '고급 주택화'다. 여러 어원을 고려하면 젠트리피케이션은 '상류 사회가 살기 괜찮은 도시로 변하는 현상'인데, 낙후된 주거지에 젊고 부유한 사람이 유입되면서 지역 전체의 구성과 성

134

격이 변하는 과정을 의미한다. 또한 '지역 활성화로 지가와 임대료 등이 상승하면서 높아진 월세를 감당할 수 없는 원주민 등이 다른 곳으로 밀려나는 현상'이라는 부정적 의미도 내포돼 있다. 젠트리피케이션의 원래 의도는 낙후 지역을 활성화하고 지역 주민과 영세 상인을 위해 환경을 개선하는 것이었다. 지금 젠트리피케이션은 우리 삶에 어떤 영향을 주고 있을까?

젠트리피케이션의 원인은 공급과 수요 면에서 각각 살펴볼 수 있다. 공급 면에서 보면 산업화와 인구 증가로 부동산 수요가 증가하고 땅값도 상승했다. 그러자 땅값이 싼 교외가 개발되는 동시에 도심의 땅값은 떨어진다. 도심에 자리한 토지나 시설은 관리가 소홀해진다. 건물 노후화, 투자 감소, 도심 쇠퇴 등이 차례로 일어나면서 개발된 교외와 낙후한 도심 사이에 격차가 생긴다. 자본화된 지대와 잠재적 지대의 격차가 최대가 될 때 높은 이익을 창출할 수 있는 재개발로 이어져 젠트리피케이션이 발생한다. 따라서 도시 재생 사업으로 주거 환경이 좋아지고 지역 특성을 활용한 개발로 인구가 유입되면 부동산 가치가 상승하고 임대료가 오르면서 어느 순간 임차인이 감당할 수 없는 수준이 된다. 급격한 임대료 상승뿐 아니라 주변에 대체 임대 공간이 부족한 것도 젠트리피케이션의 원인이 된다.

수요 면에서 보면 사람 때문에 젠트리피케이션이 일어난다. 먼저 1970년대 이후 소규모 가구가 폭발적으로 늘어 도심에 상당한 주택 수요 압력이 발생했다. 통근 시간과 비용 증가가 교외 거주의 매력을 감소시킨 반면 도심 거주의 매력을 증가시

컸다. 1970년대까지 교외 주택 가격이 급격히 상승했다. 사람들은 낙후된 도심에 있는 값싼 주택을 선택했다. 후기 산업 사회에 진입하면서 많은 노동자가 전문직, 관리직, 기술직 등 4차 산업에 종사하는 중산층이 됐다. 사회문화적 다양성과 미적인 경관 등을 고려해 도심 거주를 선호하는 경향이 나타났다.

또 다른 원인은 투기다. 도시 재생과 개발을 기대하는 심리는 투기를 조장할 수 있다. 투기자들은 수익 극대화를 추구하기 때문에 구매자들의 기대 심리를 이용해 부동산 가격을 지나치게 올리거나 임대료를 올린다. 감당할 수 없는 세입자들은 간접적으로 이주를 강요당한다.

젠트리피케이션, 무너지는 도시 마을

젠트리피케이션은 1980~1990년대 영국, 미국 등 선진국 도시에서 주로 나타났지만 2000년대 들어 아시아, 아프리카, 남미 등 전세계 많은 도시로 퍼졌다. 그런데 경제적 토대, 사회 계층성, 문화적 유래와 역사, 제도 등에 따라 다른 양상을 보여준다. 한국에서는 쇠퇴 지역에서 활동하던 예술인이나 상인이 지역을 활성화시켜 찾고 싶은 지역으로 만들면 임대료가 상승하면서 건물주나 더 부유한 계층이 들어와 주민이나 상인들이 쫓겨났다. 미국 뉴욕의 할렘은 1990년대 초까지 흑인 주거 지역이자 범죄의 온상으로 악명을 떨쳤다. 빌 클린턴 정부와 뉴욕시가 '2차 할렘 르네상스'를 내걸고 개발한 결과 다양한 인종이 더불어 살아가는 지역이 됐다. 낮에 마음놓고 돌아다닐 수 있을 정도로 치안도 좋아지지만 임대료가 높아져 많은 원주민이 떠났다. 웨스트 할렘은 치안이 안정된 반면 이스트 할렘은 히스패닉이 모여들고 마약 카르텔까지 개입하면서 더 위험해졌다.

한국의 홍대는 1980년대부터 신촌 지역 상인들이 이주하기 시작해 1990년대에 클럽 문화가 꽃피었다. 2002년 한-일 월드컵 응원전이 벌어지면서 홍대는 외국인들이 찾는 명소가 됐다. 신촌과 영등포 상권이 무너지면서 2000년대 후반 홍대는 대형 상권으로 발전했다. 홍대에 살던 예술가와 상인들은 높은 지대와 대형 자본의 유입을 감당하지 못하고 다른 지역으로 떠났다. 홍대에도 젠트리피케이션 부작용이 나타났다. 코로나19 등으로 대형 자본 기반 브랜드 매장이 하나둘 문을 닫았다.

지자체도 젠트리피케이션에 대비해야

홍대는 젠트리피케이션의 결말을 제대로 보여주는 사례다. 첫째, 사람이 살기에 적합하지 않은 지역이 된다. 주민이 살던 터전이 관광지가 돼 지역 공동체가 가꾼 장소성이 사라진다. 둘째, 단순히 공간을 소유한 사람이 지나치게 많은 이익을 가져간다. 외부 자본으로 지역에서 생산한 가치가 건물 소유주에게 돌아가 현장에서 가치를 창출한 주체들이 정당한 대가를 못받는다. 젠트리피케이션의 비극을 피하려면 서로 타협할 수 있는 합리적인 제도를 채택해야 한다. 자본주의의 속성상 젠트리피케이션의 부정적 효과를 완벽하게 제거할 수 없다. 도시 재생사업은 도시민들의 삶을 개선하기 때문이다.

한국은 지자체가 주도해 임대인과 임차인의 상생 협약을 장려하면서 젠트리피케이션에 대응한다. 각 지자체도 자치 조례, 상가 매입 비용 지원, 지구 단위 계획 등 다양한 방안을 마련한다. 다양한 도시 재생 사업은 지역 인구 구조와 부동산 시장을 꾸준히 변화시키고 있다. 그렇기 때문에 지자체가 주도해 상생 협력을 이끄는 방식은 한계가 생길 수밖에 없다. 젠트리피케이션을 장기적으로 해결하려면 정부가 법제화를 하거나 토지 공개념 같은 정책을 펴서 임대료 상승을 막고, 지역 산업을 육성할 행정과 예산을 지원해야 한다.

2022년 1월 25일

3부

도시 마을에서 꿈꾸는 미래
— 정치와 행정

돈 주면
아이 낳을까?

정종원

선거가 다가오면 후보들은 조금 무리해 보이는 약속을 남발한다. 우리는 그런 약속을 '허경영식 공약'이라고 부른다. 대통령선거에 나온 허경영은 출산 지원금 3000만 원, 결혼 수당 1억원, 주택 자금 2억 원, 20세 이상 국민 전원에게 매달 150만 원 국민배당금제 시행, 65세 이상 국민에게 매달 70만 원 건국 수당 지급 등 황당한 공약을 내걸었다.

150조 써도 세계 최저 출산율

허경영식 공약이 가능할 수도 있다는 이상한 생각이 든다. 150만 원 국민배당금제는 금액이 좀 크지만 기본 소득에 맥락이 어느 정도 통하고, 출산 지원금 등은 재정이 여유 있다면 정책수단만 고민해도 될 듯하다. 2021년 2월 나경원 서울시장 선거예비 후보도 결혼하면 4500만 원, 출산하면 4500만 원이라는 허경영급 공약을 내걸었다.

저출산 문제가 워낙 심각해서 특단의 조치라도 취해야 한다는 데 나도 동의한다. 2016년부터 2020년까지 정부는 저출산 정책에 150조 원을 썼다. 통계청에서 발표한 출산율(여성 1명이 평생 낳을 것으로 예상되는 평균 출생아 수)은 2020년 기준 0.836명(OECD 평균 1.65명)으로 세계에서 가장 낮다. 이런 지경이니 '출산하면 4500만 원'이라는 공약이 그리 놀랍지 않은지도 모른다.

4500만 원이라는 숫자를 곰곰이 생각해보자. 2019년 서울시 출생 신고 건수는 5만 3673명이다. 1명당 4500만 원을 지급하면 2조 4152억 원이다. 혼인은 4만 8216건이다. 1건에 4500만 원을 지급하면 2조 1697억 원이다. 매년 4조 5000억 원에 가까운 예산이 필요한데, 2021년 서울시 예산은 약 41조 원이었다. 예측대로 출산율이 올라가고 혜택을 받으려 전입하는 인구도 늘어나면 예산은 더 늘어난다. 만약 해마다 5조 원을 들여 출산율이 오른다면 나도 이 정책을 적극 지지할 것이다.

이 정책이 청년 문제를 주택 대출, 결혼, 출산 순서에 따라 단계적으로 접근한 점은 긍정적이다. 청년들이 주거 문제 때문에 어려움을 겪고, 결혼을 기피하고, 비혼 출산이 2.2퍼센트(OECD 평균 40.7%)인 상황에서 결혼이 줄면 출산도 준다. 이런 현실에서 주택-결혼-출산으로 이어지는 단계적 접근은 출산율 논의에서 어느 정도 진전을 의미한다. 문제는 주택 문제가 해결되면 결혼을 하고 결혼을 하면 출산을 한다는 이 단순한 인과 관계가 전혀 현실적이지 않다는 것이다.

지속적으로 떨어지는 출산 의향

나는 저출산에 관련된 연구를 하고 있다. '저출산·고령화 2차 기본 계획'에서 '저출산·고령화 3차 기본 계획'으로 전환될 때 나타난 효과를 실증적으로 검증하는 연구다. 스승보다 더 훌륭한 제자가 쓴 학위 논문에서 시작된 이 연구는, 내가 스승처럼 모시는 선배 교수님까지 끌어들여 3인 공동으로 진행했다. 결과는 충격적이다. 2차 기본 계획에서 3차 기본 계획으로 정책 대상과 규모가 확대되는데도 가임기 여성의 출산 의향이 줄어들었고, 심지어 정규직이거나 재산이 있어도 출산 의향이 전혀 증가하지 않았다. 요약하면 출산 문제를 경제 상황이나 직업 문제에 국한해 볼 수 없다는 것이다.

결혼, 아름다운 해피엔딩이 아니라 냉엄한 현실

저출산 정책의 핵심은 아이를 임신하거나 출산한 여성과 가족을 경제적으로 지원하며 보육과 양육에 도움을 준다는 것이다. 아이를 가져야만 정책 수혜 대상이 된다. 아이를 갖지 않은 청년들은 저출산 정책을 나를 위한 정책으로 느끼지 않는다. 더욱이 출산을 하려면 결혼이라는 1단계 문턱을 넘어야 한다. 청년들에게 결혼은 사랑이 결실을 맺는 아름다운 해피엔딩이 아니라 냉엄한 현실이자 고난의 서곡으로 여겨진다.

현재 1인 가구는 614만 가구로, 전체 가구의 30.2퍼센트를 차지한다. 70세 이상 노령 1인 가구가 5.5퍼센트이니, 25퍼센트 이상이 청년 1인 가구다. 그리고 청년 1인 가구의 65퍼센트가 월세로 살고 있으며, 전체 노동자의 40퍼센트가 비정규직이다. 비정규직의 월 평균 급여는 171만 원이다. 내가 참여한 연구에서는 정규직이어도 출산 의향은 증가하지 않았다. 월 평균 급여가 323만 원인 정규직도 결혼과 출산을 망설이는데 비정규직이 얼마나 마음껏 사랑하고 결혼하고 출산할 수 있을까?

2021년에 나온 '저출산·고령화 4차 기본 계획'은 아이를 낳으면 각종 수당을 더 주고, 보육과 양육을 편하게 하고, 육아휴가를 쉽게 쓸 수 있게 하면서 더 확대하고, 다자녀 가구에 임대 주택 공급을 확대하고, 3자녀 이상 대학 등록금을 지원한다는 내용으로, 여전히 출산 이후에 초점을 맞추고 있다. 10년 넘게 반복한 정책들이고, 결과도 명약관화하다.

청년들이 겪는 현실적 문제가 해결돼야

저출산 문제는 청년의 문제이고, 저출산 정책은 청년 정책이 돼야 한다. 2021년 현재를 살아가는 청년들이 겪고 있는 문제에 귀를 기울여야만 결혼의 문턱을 넘어 출산 문제도 해결된다. 아프니까 청춘이라는 말은 이제 아무도 하지 않는다. 혼자서 다 이겨낼 수 있고, 그래야 어른이 되고, 결혼하고, 아이도 낳는 시대는 끝났다. 사회적 문제를 개인이 모두 해결할 수도 없고, 그렇게 해서도 안 된다.

저출산 문제는 내 문제이기도 하다. 당장 국민연금이 고갈되고 내가 산 집을 다시 살 사람이 없어지는 일이 벌어질 수 있다. 아파트가 올라서 한몫 잡았다고 좋아하는 기성세대들에게 묻고 싶다. 당신 자녀들에게 그 집 팔아서, 집 사주고, 결혼시키고, 당신들 노후도 모두 책임질 수 있냐고?

2021년 2월 9일

시민이 주인이고
관료는 대리인?

정종원

2018년 초여름 한국전력(한전)이 부천시 상동에 특고압 송전선을 추가 매설하려는 계획이 알려지면서 주민들은 그야말로 패닉 상태에 빠졌다. 한전은 주민 설명회나 지자체 협의도 없이 부천시에 도로 점용 허가를 신청했고, 사안을 가볍게 여긴 공무원들은 신청을 받아들였다.

스쿨존 가로지르는 특고압 송전선

송전선을 매설하려는 위치는 학교와 아파트가 몰린 스쿨존이었다. 더욱 경악할 일은 지하 8미터 아래에 15만 4000볼트 송전선이 이미 지나가고 있는데 34만 5000볼트 특고압 송전선을 추가 매설하려 한다는 사실이었다. 어이없게도 이런 사실은 공식 발표가 아니라 말 그대로 '어찌어찌하다가' 알려졌다.

주민들은 '특고압 반대를 위한 주민대책위원회'를 꾸리고 강하게 저항했다. 지방 선거에 맞물려 지역 정치인들과 부천시는 주민들 목소리를 경청하지 않으면 안 되는 상황이었다. 부천시와 한전이 협의를 시작하지만 각종 소송 등 법적 공방이 오고갔다. 한전이 리첸시아중동 아파트 공사에 관련해 송전선을 지하 40~50미터에 매설한다는 홍보 자료를 배포한 사실이 밝혀지면서 지역 차별과 불성실한 협상 태도가 쟁점으로 떠올랐다. 한전은 지하 깊숙이 특고압 송전선을 매설하는 기술력이 있는데도 돈을 아끼려고, 부천시는 시비를 투입해야 할지도 모른다는 염려 때문에 주민들이 하는 요구를 들어주지 않은 모양새가 됐다.

5년 동안 이어진 갈등과 극적 타결

설훈 더불어민주당 국회의원(부천시을)이 정치력을 발휘해 지지부진하지만 협상이 이어졌고, 2021년 3월 31일 거의 5년 동안 이어진 갈등 끝에 주민들 염원이 담긴 협약(신규 송전선 지하 30미터 이하 설치, 8미터 전력구 전자파 조사와 저감 대책 강구)이 체결됐다.

2018년 처음 주민대책위원회가 결성될 때 한전이라는 공룡을 상대로 협상을 이어갈 수 있을까, 지역 정치인들과 부천시는 주민 편에서 한전에 대응할까, 한전은 얼마나 주민 의견을 경청할까 등 다양한 기대와 걱정이 섞여 있었다. 대책위원회 구성이나 운영에 관련해 불협화음도 나왔고, 부천시와 지역 정치인들이 보인 불성실한 태도에 실망한 적도 있었지만, 주민들은 지치지 않고 목소리를 냈다. 결국 설훈 의원과 부천시가 주민들 목소리를 경청하고 한전도 주민 의견을 수용하는 쪽으로 태도를 바꿨다.

부천 상동 특고압 송전선 사례는 정책 과정을 성찰할 매우 의미 있는 기회다. 대한민국 헌법 1조는 '대한민국은 민주공화국이다. 대한민국의 주권은 국민에게 있고, 모든 권력은 국민으로부터 나온다'다. 모든 권력은 국민에게서 나오지만, 현실에서는 모든 국민이 그 권력을 실현하는 과정에 참여하기 어렵다. 그래서 대통령, 도지사, 시장, 국회의원, 지방의원 같은 '대리인'이나 '대표'가 권력을 위임받아 정책을 대신 결정하고 실행한다. 바로 대의 민주주의다. 이런 국민의 대표도 그 수가 한정된데다가 모든 분야에 전문성을 갖출 수 없기 때문에 대리인의 대리인이라 할 수 있는 관료(국민의 복대리인)를 두게 된다.

대의 민주주의가 작동하는 방식

대의 민주주의가 정상적으로 작동하려면 선거를 통해 뽑힌 국민의 대리인(대표)들이 정보와 전문성을 갖춘 공직자들을 통제할 수 있어야 한다. 국민들은 이런 통제를 하라며 선거를 통해 대리인에게 권력을 위임한다. 따라서 선출되지 않은 관료와 공직자들을 통제하는 문제는 국민의 대표이자 대리인이 해야만 하는 매우 막중한 책무다.

대리인이 아무리 똑똑해도 현장에서 일어나는 모든 일을 알 수는 없고, 정보나 전문성에서도 취약할 수밖에 없다. 그렇기 때문에 더더욱 국민의 대표들은 정책 현안과 현장 상황에 관심을 두고 지속적으로 학습해야 하며, 국민의 목소리에 귀기울여야 한다. 국민들도 정책 현안에 분명한 목소리를 내야 한다. 이런 과정을 거쳐 대의 민주주의가 작동하고, 최종적으로 선거를 통해 대리인을 심판하게 된다.

자주 불거지는 주인-대리인 문제

대표들은 주인인 국민을 위해 충심을 다해 일하고, 대표들의 대리인이라 할 수 있는 관료들도 충심을 다해 국민과 대리인을 위해 일해야 하지만, 그렇지 않을 때가 있다. 바로 주인-대리인 문제 때문이다.

정책 과정에서 국민은 정보가 별로 없다. 국회의원이나 지방의원도 관료만큼 정보가 없다. 특고압 사태를 보면 정책 집행 기관인 한전 직원들만 정보를 쥐고 있었다. 심지어 부천시 관료들도 상황을 파악하지 못하고 도로 점용 허가를 내줄 정도였다. 나아가 전문성에서도 송전선 매립 공사를 많이 해본 한전은 부천 시민 또는 부천시 선출직 대표나 관료들에 비교할 수 없는 수준이었다. 이런 이유 때문에 현실에서는 주요한 정책 결정과 집행 과정을 선출되지 않은 관료와 공직자들이 주도하는 사례가 허다하다.

부천 특고압 사태는 대의 민주주의의 문제점과 해결책을 동시에 보여준 사례다. 선출되지 않은 공기업이지만 가장 높은 수준의 정보와 전문성을 갖춘 한전이 일방적으로 정책을 추진하자 대리인인 선출직 대표는 물론 부천시 관료들도 무기력했다. 그렇지만 주민들은 전망이 불투명한데도 끝까지 포기하지 않고 건강권을 지키기 위해 정책 과정에 적극 참여해 목소리를 냈다. 주민의 대리인인 국회의원도 사태가 심각하다고 느껴서 주어진 권한을 활용해 한전에 정책 집행 과정에 드러난 문제점을 지적하고 시정을 요구했다. 결국 주민 건강권을 지키는 방향으로 최종 합의가 도출됐다.

함께 결정하고 함께 구상하는 거버넌스 시대

국민이 주인이고 관료는 대리인이라는 공식이 제대로 작동하는지 회의하는 시각이 많다. 그러나 부천 특고압 사태가 보여주듯 주민이 적극적으로 참여하고 대리인이 여기에 정책적으로 잘 대응하면 대의 민주주의는 제대로 작동한다. 이제 정부가 일방적으로 통치하는 시대는 지났다. 공동체의 운명을 함께 결정하고 합리적으로 정책을 구상해 집행하는 거버넌스의 시대가 도래하고 있다.

2021년 4월 13일

좋은 시민과
좋은 정치

주성돈

인간은 정보를 먹고사는 사회적 동물이다. 스마트폰이 보편적이 되면서 일상은 많이 편리해진 반면 '스몸비'처럼 스마트폰 의존도가 높아지는 부작용도 있다. 다양한 첨단 정보통신 기기가 일상에 들어오면서 팬데믹뿐 아니라 정치, 부동산, 각종 사건 사고 등 우리의 관심을 끄는 부정적 뉴스들이 시도 때도 없이 쏟아지고 있다.

행복과 관계를 해치는 정치 뉴스

뉴스 시장은 점점 경쟁이 심해지고 수용자들은 미디어 편향에 빠져 싸운다. 정당, 집단, 개인 사이의 증오와 배제도 점점 심해진다. 2022년은 대통령 선거와 지방 선거를 치르는 해다. 사람들은 더욱더 자기만의 정치적 신념에 집착하고 반대 의견에는 화를 낼 것이다. 이런 집착은 자기 자신과 주변 사람들에게 고통의 원천이 될 수밖에 없다.

먼저 내가 하루 동안 뉴스를 얼마나 접하는지 확인하고, 그런 뉴스가 소중한 시간을 희생할 정도로 가치 있는지를 고민하자. 2021년 4월 재보궐 선거 과정에서 자기가 옳다고 믿는 정치적 견해에 애착을 보인 사람이 너무 많았다. 아침에 눈 뜨고 잠자리에 들 때까지 자기 견해에 집착했고, 자기 견해가 위협을 받으면 화를 내며 맹렬히 비난했다.

행복과 정치적 관심 사이의 직접적 연관성을 다룬 연구는 많지 않지만 간접적인 영향을 다룬 연구는 꾸준히 나오고 있다. 2017년 네덜란드 연구자들이 정치 뉴스가 웰빙에 미치는 영향을 알아보니 부정적인 정치 현실과 불행한 사건을 다룬 텔레비전 뉴스를 볼 때마다 웰빙 지수가 일주일에 평균 6.1퍼센트 하락했다. 2014년 미국에서 실시한 어느 설문 조사는 가계 소득, 학력, 연령, 성별, 인종, 결혼 여부, 정치적 견해를 통제한 결과 정치에 매우 관심 있는 사람이 별로 행복해하지 않을 가능성이 8퍼센트 정도 더 높다는 사실을 확인했다. 정치에 관심이 높을수록 삶의 만족도는 떨어졌다.

한국에서도 정치 뉴스는 행복에 부정적 영향을 준다. 정치 관심자들은 인터넷에 능숙하고 소셜 네트워크를 적극 활용해 대통령과 국가 정책, 정당에 관한 지지, 홍보, 반론을 펼치며, 관련 분야 지식도 상당하다. 또한 민주주의 정체의 본질인 정치 참여보다는 정당 또는 특정 개인을 향한 충성심을 토대로 정치적 파벌이 될 가능성을 다양한 영역에서 표출한다.

당파적 분위기, 미디어 양극화, 끊임없는 정치적 논쟁은 행복의 척도인 사랑을 직접적으로 방해한다. 정치적 관점에 따른 짝짓기를 뜻하는 '정치적 동성애'에 빠져들지도 모른다. 온라인 데이트 현상을 연구한 미국 학자들은 낭만적 파트너를 선택할 때 정치적 견해가 교육 수준에 견줘 중요하다는 사실을 지적한다. 옳든 그르든 이런 현상은 사랑을 방해하는 요소로 작용한다. 낭만적 사랑의 대상에서 배제할 만큼 정치가 중요해진다면 결과적으로 우리는 행복에서 멀어지게 된다.

우정과 가족 관계도 해치는 정치적 불일치

당파적 뉴스는 우리가 사는 세상을 축소시킨다. 미국 페어레이디킨슨 대학교에서 2012년에 실시한 설문 조사를 보면 진보와 보수를 막론하고 당파적인 텔레비전 뉴스를 보는 사람이 뉴스를 전혀 소비하지 않는 사람보다 교양 수준이 떨어졌다. '뉴스'와 '정치'를 쉽게 동일시하고 다른 영역에서 벌어지는 일에 거의 관심을 기울이지 않는 '좁은 시야tunnel vision' 때문이다. 좁은 시야에 갇히면 일상을 점점 더 지루해하고 행복을 느끼지 못하는 상태에 빠진다.

　2016년, 미국인 6명 중 1명은 선거 때문에 친구나 가족들하고 대화를 중단했다. 2018년 《폴리티컬 오피니언 쿼터리Political Opinion Quarterly》에 실린 한 논문은 친척을 조심하라고 경고했다. 친척들이 정치를 자주 화제로 올릴수록 사람들은 자녀가 특정 정당을 지지하고 열정적으로 관심을 쏟는 상황을 원하지 않게 된다. 사랑하는 사람들을 위해 올바른 정치관을 지니도록 노력하는 일은 중요하지만 너무 강렬하거나 열정적이면 관계에 해를 끼칠 수도 있다는 말이다. 2020년 대통령 선거 때도 미국 사회는 극심한 분열을 겪었다. 인종 문제와 코로나 대응을 둘러싼 진영 간 대립이 어느 때보다 고조됐다.

끊임없이 정치 뉴스를 접하고, 정치적 분노를 투입하고, 지루한 정치 이야기를 일방적으로 전달하면 올바른 사고를 방해해 상대방을 정치 냉담자로 만들 수 있다. 자기만의 정치 세계에 빠져들면 더 무지한 존재로 전락하게 될지도 모른다. 좋아하는 당파적 뉴스만 소비하면서 선거 시즌을 보내고, 소셜 미디어에서 정치적 칼럼을 읽고 공유하며, 모든 기회를 활용해 정치에 투자한다면, 우리는 행복에서 멀어질 수 있다.

정치에 관심을 기울이지 말아야 한다는 말은 결코 아니다. 좋은 시민은 정치 과정에 세심하고 적극적으로 개입하며, 반대 진영이 내놓는 견해에서도 의미 있는 지점을 찾으려 항상 노력한다. 분노와 편향이 아니라 균형과 포용을 중시하고 적절한 거리를 유지하며 행복을 가꾼다.

선거 기간에도 행복하려면

우리는 자기 자신과 다른 사람들의 행복한 삶을 위해 다가올 선거에 어느 정도 시간과 정서적 에너지를 쏟을지 정해야 한다. 세 가지를 제안하고 싶다.

첫째, 불평만 하지 말고 지역 사회에 적극 참여하자. 정치학자 에이튼 허시는 월간 《애틀랜틱The Atlantic》에 실은 글에서 정치 뉴스를 많이 소비하는 고학력자들이 진정한 발전을 더 어렵게 만든다고 주장한다. 끊임없는 분노로 표현되는 열망은 정치적 공분을 불러일으키고 타협을 어렵게 한다. 허시는 활동적이고 지역적인 시민 의식을 권장하며, 긍정적인 변화를 가져오기 위해 지역 사회에 적극 참여하기를 추천한다. 참여는 정신 건강을 좋게 하고 사회적 관계를 긍정적으로 바꾸기 때문이다.

둘째, 정치에 쓰는 시간을 적절히 제한하자. 정치 소비량을 배분하고, 정치 이야기를 나누는 장소 주변에 경계를 설정해야 한다. 직업 때문이 아니라면 정치뿐 아니라 모든 뉴스를 소비하는 시간을 하루 30분으로 제한하자. 또한 비정치적 상황에서는 정치적 논의를 피해야 한다.

셋째, 당파적 뉴스를 차단하자. 자기가 지지하는 진영의 전문가와 유명인이 반대 진영을 비난하는 이야기를 듣고 감정적 만족을 느끼는 사람이 많다. 이런 상황은 관계에 해로운 영향을 미치고 정보를 부족하게 만든다. 잠시 그 자리를 벗어나면 금세 기분이 좋아지고 그동안 정치에 너무 많은 에너지를 소비한 사실을 깨닫게 된다.

선거는 잔인하고 씁쓸하다. 그렇지만 피할 방법은 없다. 우리 각자는 정치적 견해를 갖고 있으며, 많은 사람은 자기 자신의 정치적 견해를 강하게 주장한다. 그러나 정치가 생각, 시간, 대화를 지배하면 관계와 행복은 허물어진다.

2021년 4월 27일

이익은 내가
욕은 정부가

정종원

자본주의를 살고 있는 우리는 인류사에서 어쩌면 가장 풍족한 삶을 누리는 중이다. 우리가 사는 대한민국은 그중에서도 잘 사는 나라 축에 든다. 그러나 우리 삶은 여전히 고되고, 다양한 문제들 때문에 고통스럽다. 아이들은 공부하느라, 청년들은 직장 구해 먹고살 궁리하느라, 사회 초년생들은 결혼과 출산에 이어 내 집 마련하느라, 중장년들은 자녀 양육과 노후 준비로, 노년들은 건강과 경제적 문제에 시달린다.

다양한 삶의 고통, 개인적이고 사회적인 문제

우리는 모두 자기 자신의 삶을 열심히 살고 있지만 여전히 어려움을 겪는다. 문제는 이런 어려움이 마냥 개인적이지 않고 사회적이라는 데 있다. 교육, 취업, 결혼, 출산, 주택, 건강, 노후 등 우리 삶의 문제는 개인적인 것 같지만, 사실 곰곰이 들여다보면 모두 사회적이다.

자본주의는 '각자 자기 이익을 위해 행동하다 보면 결국 모두 행복해진다'는 원리에 따라 작동한다. 이 간단한 원리는 사실 대단히 사실적이며, 타당한 면도 있다. 자기가 원하는 삶을 위해 최선을 다해 열심히 살다보면 사회도 최선의 결과에 도달한다는 매우 유토피아적인 효율성을 가정하기 때문이다. 이렇게 되기만 한다면 얼마나 좋을까?

그렇지만 효율성은 이중적 위상을 갖는다. 자기 이익을 극대화하려면 남의 이익을 침해할 수밖에 없는 상황이 벌어진다. 내가 추구하는 목표가 매우 제한적일 때 그 제한된 목표를 차지하기 위해 다른 누군가를 상대로 경쟁해야 하고, 그 과정 중에 내가 또는 다른 누군가가 원하는 것을 갖지 못할 수도 있다. '경쟁에서 각 개인의 야심은 공동선에 이바지한다'는 애덤 스미스의 격언은 반은 맞지만 반은 틀렸다.

부동산과 사교육, 선택은 각자가 욕은 정부가

2021년 우리의 삶을 돌아보자. 가장 뜨거운 이슈인 부동산은 한정된 삶의 공간을 차지하려는 각 개인의 욕망이 만든 결과였다. 각자가 자기 욕망을 추구해보니 공동선하고는 거리가 먼 결과가 나타났다. 각 개인이 선택한 결과이지만, 욕은 정부가 먹고 있다.

집 사고, 결혼하고, 아이 낳는 것은 철저히 개인의 선택이다. 이런저런 사정 때문에 아이를 안 낳아서 한국은 합계 출산율이 0.82명이다. 각자 선택한 결과인데, 욕은 정부가 먹고 있다.

자녀가 잘되기를 바라는 마음에 사교육을 시키고, 어떻게 해서든 자녀를 좋은 대학에 보내려 노력하지만, 여전히 좋은 대학 가기는 어렵고, 사교육비까지 많이 들어 다들 화가 나 있다. 사교육은 각자 한 선택이지만, 욕은 이런 세상을 만든 정부가 먹고 있다. 재테크와 투자는 개인이 한 선택이다. 투자가 성공하면 뛰어난 실력 덕분이지만, 잘못되면 욕은 세상을 이렇게 만든 정부가 먹는다.

모든 욕은 세상을 이렇게 만든 정부가 먹는다. 그만큼 화가 나 있다는 의미이고, 누군가를 탓하고 싶은 마음인지도 모른다. 자본주의 사회에서 세상만사가 개인의 선택이 모인 결과라 생각할 수 있지만, 개인의 선택 사이에는 쉽게 설명할 수 없는 복잡한 인과 관계와 작용-반작용이 존재하며, 이런 과정은 개인의 선택하고 무관한 결과를 초래하기도 한다.

더더욱 우리 삶 속에서 개인적이라고 믿고 있는 것들이 결국은 공적 사안이며 모두 함께 고민해야 하는 문제다. 그렇기 때문에 정부의 역량과 실력에 기대를 거는지도 모르겠다.

신뢰받는 정부와 공동선

정부는 신뢰를 얻을 방법부터 고민해야 한다. 모든 일을 정부 탓으로 돌리고 욕하는 현실, 정부를 믿지 못하는 상황은 정부가 사회 문제를 개선하고 공동체를 위한 정책을 추진하는 데 가장 큰 걸림돌이 될 수 있다. 부동산, 교육, 출산, 육아, 취업, 복지, 노후 등 거의 모든 영역에서 정부 정책이 신뢰를 못 얻는 상황이 계속되면 안 된다.

이제 밥 안 굶고 추위와 비만 피하면 되는 시대는 지났다. 각 개인이 각자의 삶 속에서 행복을 느끼고, 살아갈 만한 세상이라고 믿게 할 의무가 정부에 있다. 신뢰부터 회복해야 한다. 문제가 되는 정책 영역에 관련해 좀더 적극적인 자세로 시민들 목소리를 듣고, 시민들 눈높이에 맞는 이야기를 나눠야 할 때다. 용기도 필요하다. 시민에게 다가가서 직접 목소리를 듣고, 과감하게 변화해야 한다.

우리 각자가 얼마나 공동체적인 관점에서 다른 사람의 삶을 바라보고 있는지도 의문이다. 다양한 문제를 개인적이고 효율적인 관점에서만 바라보면 개인적 이익도 얻지 못하고 욕할 정부도 사라져, 결국 공동선도 실현할 수 없기 때문이다.

2021년 5월 11일

문화 민주주의와
지자체의 문화 복지

주성돈

소득이 오르고 삶의 질에 관심이 높아지면서 문화 복지가 지닌 사회경제적 가치가 주목받는다. 이런 흐름에 따라 정부도 문화 복지 정책을 적극 확대하고 있다. 그렇지만 양극화, 저출산, 고령화, 노후 불안 때문에 소득 수준, 세대, 지역에 따른 문화 향유 격차도 발생하고 있다.

소득 차이와 문화 차이

문화 향유 격차를 극복하려는 지자체는 문화재단 등을 정책 수단으로 활용해 지역 문화를 보호하고 지역 문화 예술을 활성화하려 한다. 그런데 지자체 산하 문화재단은 대부분 운영위탁비와 사업수입금 등 지자체 재정에 크게 의존하는 공공 기관이라 수동적인 문화 발신자에 그치는 경우가 많다.

지방에서는 과소화와 고령화 등의 영향, 도시에서는 독신 세대 증가 등의 영향으로 지역 공동체가 쇠퇴하고 문화 예술 담당자가 부족한 상태다. 대부분의 지방 정부는 재정 상태가 나쁘고 지역 문화 예술 복지의 기반이 취약한 상황에서 문화 소외 계층까지 증가하자 위기감을 느끼고 있다. 일찍이 일본은 '국가에서 지방으로'와 '관에서 민으로'라는 흐름 아래 민간과 행정이 기능을 나누고 지방 분권을 확대했다. 규제를 완화해 민간 부문이 문화 복지 분야에 활발히 진출하는 한편, 비영리 부문이나 자원봉사 영역이 확대되면서 민간과 행정이 협력하는 방식이 다양한 형태로 확산되고 있다.

메세나 활동과 문화 민주주의

지방 정부의 문화 복지 정책이 지닌 한계를 극복할 대안이 '메세나Mecenat'다. 메세나란 기업이 문화 예술을 적극 지원해 사회에 공헌하는 활동을 가리킨다. 로마 아우구스투스 황제 시절 마에케나스Gaius Cilnius Maecenas가 호라티우스와 베르길리우스 같은 예술가를 후원해 예술 부국을 이끈 데서 유래한 말이다.

기업 메세나 활동은 문화 예술 분야에서 정부 정책이 지닌 한계를 민간 지원으로 극복하려는 시도다. 또한 문화 다양성을 존중하고, 기업과 예술인 또는 예술인 단체의 연계를 중시하며, 아마추어가 중심이 되는 창조 활동을 강조하는 측면에서 문화 민주주의에 크게 기여하는 문화 복지 지원 활동이다.

한국은 직간접 지원, 일본은 삼각 파트너십 구축

한국은 지역 문화 예술 지원을 기업이 독자적으로 추진하거나 한국메세나협회를 통해 간접 지원하는 반면, 일본은 기업, 주민, 지역 비정부 기구가 파트너십을 구축한다.

한국의 메세나 활동은 1994년 한국기업메세나협의회(지금은 한국메세나협회)가 출범하면서 본격 시작됐다. 2014년에는 '문화예술후원 활성화에 관한 법률'(일명 기업 메세나 기본법)이 시행돼 정부 중심의 수직적 문화 예술 복지 지원에서 벗어나 문화 예술 후원 매개 단체를 중심으로 한 수평적 네트워크 문화 예술 체계가 마련됐다.

기업 메세나 활동의 목적은 지역 사회와 소외 계층 지원이다. 여러 대기업이 사회 공헌 차원에서 지역 저소득층을 대상으로 문화 예술 지원을 한다. 대기업 중심의 문화 예술 후원에서 벗어나 문예진흥기금을 통한 예술 지원 매칭 펀드, 지역 특성화 매칭 펀드 등으로 확대되고 있다. 다만 지역 문화 예술 활동을 위한 생태계 구축이나 저변 확대에서는 한계를 드러낸다.

1990년 초반에 시작된 일본의 메세나 활동은 민간 기업과 예술 단체, 지원하는 주체와 지원받는 대상이라는 일방통행 관계를 중심으로 대부분 금전적 형태를 띤 채 진행됐다. 2000년대 이후에는 기업과 예술 단체 사이의 파트너십에 기초한 활동으로 변화하고, 지원 내용도 인력을 비롯해 장소나 제품 서비스, 기술이나 노하우 등으로 다양해졌다. 최근에는 지역 연계와 관계를 매우 중시한다. 기업은 방치된 건물 등을 제공해 지역 사회의 문화 기반을 지탱하는 구심점으로 삼고 메세나를 통해 지역 사회를 건강하게 하는 데 기여한다. 지자체는 지역 문화 예술에 기여하는 지역 기업이 벌인 활동을 공공 기관 홈페이지나 관보를 통해 적극 홍보한다.

지역 문화 예술 사업에 쓸 공공 재원이 턱없이 부족한 상황에서 민간 자본을 활용하는 기업 메세나 활동은 문화 복지 활성화를 위한 전제조건이나 다름없다. 지자체는 지방세 등 세제상 인센티브를 활용해 다양한 민간 자금을 끌어들이고 기업 메세나 활동을 지원할 법률과 제도를 적극 구축해야 한다.

기업, 주민, 행정이 지역 사회 일원으로 활동해야

지역 문화 예술 활성화 방안으로 세 가지를 들 수 있다.

첫째, 국가나 지자체는 문화 예술 활성화를 위한 촉매제가 돼야 한다. 지역 문화 예술 진흥은 기본적으로 지자체의 책무이지만 재정 상황이 발목을 잡는다. 따라서 여러 주체들이 공유 가치를 설정해 독창적이고 자유로운 협력 관계를 맺을 수 있어야 한다. '문화예술후원 활성화에 관한 지방 조례'(일명 지역 메세나 활성화 조례)를 제정해 지역 기업, 주민, 비정부 기구 등 다주체 간 파트너십을 구축할 생태계가 필요하다.

둘째, 기업은 지역 문화 예술 진흥에 적극적인 관심을 기울여야 한다. 보건, 복지, 종교, 교육 분야에서 문화 예술 분야와 지역 사회로 기업 사회 공헌이 확대되고 있지만, 여전히 한국 메세나협회와 대기업 위주다. 반면 일본은 지역의 메세나 가치와 사회적 책임성을 인식한 지역 기업이 꾸준히 늘어나고 있다. 금전적 지원에 더해 유휴 공간과 전문 인력 등을 지원하고, 회사 직원과 가족을 위한 문화 예술 행사를 지역 주민에 개방하며, 지역 문화 예술 행사나 기부 행사에 참여하는 시간을 근무 시간으로 적립하는 특별 휴가 제도도 운영한다. 기업이 지역 문화 예술 활동에 직접 기여할 뿐 아니라 기업 직원도 문화 예술을 비롯한 지역 사회 활동에 적극 참여하는 셈이다.

셋째, 개인 단위의 기부 인센티브(동기 부여)를 적극 활용해야 한다. 개인 단위여도 참가하려는 주민이나 단체가 늘어나면 지원 규모가 커지고 참여 의지도 높일 수 있다. 지역 문화 예술을 지원한다는 자부심은 지역 문화 진흥으로 이어진다. 지자체는 지역 문화 예술을 위한 조례와 주민 참여를 위한 다양한 제도를 마련해야 한다. 일본 가스가이시春日井市는 '문화진흥 기본 조례'와 '문화 진흥 마스터 플랜'을 마련하고 시민과 기업이 문화 예술을 지원할 수 있는 '시민 메세나 기금'을 창설했다. 또한 '가산 기여 제도'를 도입해 주민과 행정이 동등한 책임을 지게 했다. 주민과 기업이 문화 예술을 지원할 수 있는 제도를 정비해 민간 참여를 촉진하는 지역 문화 예술 행정이 필요하다.

앞으로 지역 메세나 활동을 더욱 다각화할 법적이고 제도적인 뒷받침이 중요하다. 지역 주민의 적극적 참여를 바탕으로 한 지역 중심 메세나 활동은 지역 사회의 문화 예술 발전과 지역 주민 문화 향유권 강화를 통해 문화 민주주의가 발전하는 데 크게 기여할 수 있다.

2021년 5월 18일

좋은 조직과
좋은 사회

정종원

나는 행정학을 크게 세 분야로 구분한다. 첫째, 정책 연구다. 공동체의 바람직한 미래를 위해 해야 하는 일을 결정하고, 추진하고, 분석하고, 평가한다. 둘째, 정책을 추진하는 데 필요한 물적 자원을 투입하는 문제를 연구하는 재정과 재무 분야다. 셋째, 정책을 추진하는 사람에 관한 공부다. 사람과 사람이 모인 조직을 다루는 조직 인사 분야다. 나는 조직 인사를 전공으로 선택했으며, 정책 분야 중 사회 정책과 보건 행정에 관심을 갖고 공부한다.

정책, 물적 자원, 사람

조직이란 개개인이 어떤 공동의 목적을 갖고 만든 인위적 공동체라 할 수 있다. 인위적이라 하지만 가족이라는 단위처럼 자연스럽게 형성되기도 하고, 정당이나 시민단체처럼 같은 생각을 하는 개인들이 모여 만들기도 한다. 국가와 정부, 대기업 같은 큰 조직이 있는가 하면, 연주와 노래가 좋아 네댓 명이 결성한 밴드 같은 작은 조직도 있다. 인간은 사회적 동물이라서 사람이 모이는 곳에 조직은 존재할 수밖에 없다.

조직과 개인의 조화

문제는 아무리 공동의 목적을 갖고 만든 조직이라도 그 조직을 구성하는 모든 개개인이 똑같은 목표와 똑같은 생각을 가질 수 없다는 점이다. 개개인이 각기 다른 능력과 다른 열정을 갖고 있기 때문에 공동의 목적을 달성하기가 여간 힘들지 않다. 네댓 명이 모여 취미 활동을 해도 싸우기 마련이다. 돈을 벌러 다니는 직장에서는 더더욱 다툼이 생길 수밖에 없다. 어떻게 조직의 목표와 개인의 목표를 동일시하고, 어떻게 생각과 성격, 능력과 열정이 다른 개개인들에게 동기를 부여하는가가 조직을 연구하는 사람들의 지상 최대 과제다.

좋은 조직은 조직 성원들이 조직의 존재 이유를 공유하고, 공동체의 가치와 이익을 지키기 위해 돕고, 성격, 역량, 생각이 차이 나더라도 함께 고민하고 서로 배려하면서 같이 손잡고 목표를 달성하려 나아가는 곳이다. 개개인이 차이 날 수밖에 없는 공동체의 특성을 이해하고, 이런 특성을 서로 고민하면서, 함께 공동의 가치를 추구하는 조직이 좋은 조직이 되고 발전할 수 있다. 그러나 현실은 냉혹하다. 이런 조직은 교과서에나 나오는 유토피아적 상상의 산물이었다.

태움, 개인적 폭력을 넘어 공동체를 와해

나는 요즘 '태움'이라는 주제를 공부하면서 논문도 몇 편 발표했다. 태움은 조직 안에서 상급자가 하급자를 괴롭히는 정도를 넘어 재가 될 때까지 태우고 또 태운다는 뜻으로, 요즘에는 학술 용어로 쓰이고 있다.

태우는(괴롭히는) 사람은 태우는(괴롭히는) 행위를 교육 과정이나 자기 자신의 권리라 여기며 조직 안에서 벌어지는 현상의 책임과 의무를 타인에게서 찾으려 하기 때문에 타인을 조직에서 분리해 판단하려는 성향이 있다. 다른 형태의 폭력을 당연한 조직 과정이자 교육 과정으로 미화하면서 피해자를 조직 과정에서 배제하려는 것이 태움 가해자의 전형적인 특성이다.

"다 너희들을 위해 그러는 거야", "다 우리 조직을 위해서 내가 어쩔 수 없이 악역을 하는 거야", "너희도 내 위치가 돼 보면 알 거야", "니가 잘하면 내가 왜 이렇게 하겠냐", "나만 나쁜 놈이지", "태움을 당하는 애들은 그럴 만한 이유가 있어", "너 같은 애들 때문에 우리 조직이 망해가는 거야", "누구, 누구 없으면 우리 조직 잘나갈 텐데", "니가 이기나 내가 이기나, 함 해보자" ……. 꼭 때려야만 폭력이 아니다. 태움은 엄연한 폭력이며, 한 개인에게 건강상의 피해를 준다. 심하면 죽음에 이르게 할 수 있으며, 조직 공동체를 와해시킨다.

하루 평균 2~3명 정도가 태움 같은 직장 내 괴롭힘으로 자살을 선택한다. 2020년 한 해 동안 조현병에 따른 산재 인정 건수는 561건이다. 신청 건수가 인정 건수보다 몇 배 더 많다고 추정하면, 직장 내 괴롭힘이 속칭 '갈굼', '쿠사리', '쫑크' 정도를 넘어 폭력 단계로 넘어온 현실을 알 수 있다(직장 내 괴롭힘에 따른 사망, 상해, 건강 피해에 관한 정확한 통계는 아직 없다).

직장 내 괴롭힘은 수직 폭력에서 수평 폭력으로 전파돼 가정, 학교, 일터, 주변 등 일상에서 폭력으로 전이된다. 조직학, 조직심리학, 사회심리학, 정신의학 등 관련 연구에서 나온 공통된 결론이다. 한 사람이 겪는 폭력은 그 한 사람에서 다른 사람으로, 조직 안에서 조직 밖으로, 나아가 사회 전반으로 전파되고 전염된다.

좋은 사회, 좋은 조직

어느 조직이나 다툼과 갈등은 있을 수밖에 없다. 인간사가 원래 그렇다. 서로 싸우면서 살아왔다. 인류사는 말 그대로 폭력의 역사다. 싸우고 죽이면서 여기까지 왔다. 그럼 좋은 사회란 무엇인가? 문명화된 사회란 무엇인가? 존재할 수밖에 없는 다툼과 갈등을 폭력을 쓰지 않으면서 해결하고, 각자가 각자를 위해, 그리고 공동체의 가치를 위해 함께 고민하고, 양보하고, 배려하며, 노력하는 사회다. 그리고 이런 노력을 배반하는 사람은, 신뢰를 저버린 사람은 사적 폭력이나 감정적 대응이 아니라, 법과 제도를 통해 응당한 처벌을 받는 사회다.

조직도 마찬가지다. 삐거덕거리면서 굴러가지만, 공동의 가치를 위해 고민하고, 양보하고, 배려하며, 노력하는 조직 성원들이 모여서 좋은 조직을 만든다. 이런 노력을 배반하거나 신뢰를 저버린 성원에게는 사적 폭력이나 감정적 대응이 아니라, 법과 제도, 규율에 따라 응당한 처벌을 내리는 조직이 문명화된 조직이다.

2021년 8월 10일

'늘공'과
'어공'

정종원

모이기도 힘들지만, 힘들게 모인 자리에서 꼭 나누는 이야기가 있다. 바로 재난지원금이다. 누구는 88퍼센트라 받았고, 누구는 12퍼센트에 들어 못 받았고, 그 사람이 12퍼센트에 들 줄 몰랐다는 이야기 말이다. 전체 국민의 88퍼센트만 재난지원금을 받는다. 1인 가구는 건강보험 납부금 13만 6300원, 4인 가구는 38만 200원이 기준인데, 왜 그런지 모르겠다. 지원금은 1인 25만 원인데, 왜 25만 원인지도 알 수 없다.

기준 없는 정책, 기준 없는 해명
어떤 정책을 만들어 집행하려는데, 기준이 왜 그런지 모르는 경우는 매우 드물다. 공무원은 법률과 제도에 근거해 합당한 기준을 마련해서 정책을 추진해야만 감사나 평가 때 추궁을 받지 않는다. 따라서 기준 설정의 타당성을 매우 엄밀히 따진다.

이번에 지급되는 재난지원금 11조는 1인 지원 규모와 지원

170

대상의 기준이 모호해서 앞으로 비슷한 정책이 추진될 때마다 이야기될 듯싶다. 이의 신청이 5만 건을 넘은 뉴스가 들리고, 지원 대상을 90퍼센트까지 확대한다거나 웬만하면 이의 신청을 수용한다는 등 기준 없는 해명과 대책이 이어지고 있다.

왜 돈 주면서 욕을 먹을까? 12퍼센트에 안 드는 사람들은 일단 돈을 받아 생활에 보탬이 되니 나쁠 것이 없다. 그런데도 왠지 가난한 사람이 된 듯한 박탈감을 느낀다. 12퍼센트에 든 사람은 세금을 많이 내고도 지원금을 못 받으니 화가 난다. 게다가 내가 왜 12퍼센트에 해당하는지 이해가 안 될 수도 있다. 소득이나 재산은 있지만 부채가 많을지도 모르고, 코로나19는 12퍼센트에게도 마찬가지로 어려움을 줄 수 있기 때문이다.

정책 결정은 정치인? 정책 집행은 공무원?

정책은 누가 어떻게 만드는가? 정치가 만들고 결정한 정책을 행정이 집행한다고 이론은 말한다. 이 이론을 대의 민주주의에 적용해보자. 어떤 정책을 만들어 추진한다면 모두 모여 함께 논의하고 결정하는 것이 맞다. 우리는 국민이고, 모든 주권은 국민에게서 나오기 때문이다.

현실적으로 모든 국민이 정책 과정에 참여할 수는 없다. 그래서 선거를 통해 대표를 선출한다. 대통령, 국회의원, 도지사, 시장, 지방의회 의원 같은 선출직 정치인 공무원들이 국민을 대신해 정책을 만들고 결정한다. 이렇게 결정된 정책은 고용된 비선출 공무원(임용된 공무원)들이 집행한다. 여기서 선출된 공무원은 선거에 당선할 때만 공무원이니 '어공'(어쩌다 공무원)이라 부르고, 비선출 임용 공무원은 선거 결과에 관계없는 '늘공'(언제나 늘 공무원)이라 부른다.

어공과 늘공은 원래 있었을까? 아니다. 처음에는 어공이 선거에 승리하면 정책 집행을 담당하는 공무원은 모두 승리한 정당의 인력이 채우는 것이 관행이었다. 그러나 사회가 복잡해지고 정부와 공공 부문이 커지면서 아무나 공무원을 할 수 없는 시기가 왔고, 선거에서 이긴 정당이 공직을 모두 차지하니 매관매직 등 부패도 생겼다. 결국 시험을 통해 공무원을 선발하게 됐고, 정치에 휘둘리지 않으면서 역량과 전문성을 발휘할 수 있게 정년을 보장했다. 요컨대 이론적으로는 직업 공무원이 탄생하면서 정책 결정은 선출된 정치인 공무원(어공)이 하고 정책 집행은 임명된 비선출 행정 공무원(늘공)이 담당하게 된다.

어공, 늘공, 행정 국가

언뜻 보면 어공과 늘공으로 나뉜 정책 과정이 잘 돌아가는 듯하지만, 실상은 그렇지 않다. 국회의원은 300명밖에 안 된다. 300명이 온갖 정책 현안을 모두 다룰 수는 없다. 보좌 인력과 국회 정책 연구 조직, 지원 조직이 있지만 한계가 명확하다. 반면 임명직 행정 공무원은 100만 명이 넘는다. 시험을 거쳐 임용된 뒤 각 분야별로 20~30년씩 근무하며, 해당 분야의 정보를 독점하고, 속칭 '나와바리'를 완벽하게 구축한다.

선출직 정치인 공무원이 아무리 해당 분야에 전문 지식이 있다고 해도 정보를 독점한 채 몇 십 년 일한 임명직 행정 공무원을 당해낼 재간은 없다. 오히려 어공이 늘공에게 의존하고 끌려다닌다(드와이트 왈도라는 행정학자는 이런 현상을 '행정 국가' 현상이라고 정의했다). 특히 행정부 중심 독재가 오랜 기간 이어지고 대통령을 중심으로 한 행정부의 권한이 막강한 환경 속에서 늘공들의 힘은 어공인 국회의원 등 선출직 정치인들이 통제할 수 없는 상황에 이르렀다.

재난지원금 사태도 이런 연속선상에서 이해할 수 있다. 선출된 정치인 공무원들이 정책을 추진할 의지가 아무리 강해도, 문고리를 잡고 있는 임명된 행정 공무원들이 문을 열어주지 않으면 방법이 없다. 선출직 공무원들이 임명된 행정 공무원의 기강을 잡고 통제하려 해도, 임명된 행정 공무원 집단은 상상을 뛰어넘는 강력한 연대와 저항을 벌이며 어공들이 운신할 폭을 좁힌다. 일개 임명직 차관급 조직인 검찰이 무소불위의 권력을 휘두르는 상황을 선출직 정치인들이 제대로 통제하지 못하는 현실을 떠올리면 쉽게 이해할 수 있다. 재난지원금 사태는 국회와 행정부의 역량 차이를 드러내고 점점 심각해지는 행정 국가 현상을 보여주는 사건이다.

어공과 늘공, 동시 개혁

문제를 어떻게 해결해야 할까? 먼저 어공들과 국회를 쇄신해야 한다. 어공을 생각하면 어떤 이미지가 떠오르는가? 일단 무능하고, 자기 권력만 추구하고, 다음 선거에서 이길 생각만 하는 이기적 인간상이다. 이런 이미지에서 벗어나야 늘공들을 통제할 수 있다.

국회는 늘 싸우는 곳이고, 뭐 하나 제대로 일하지 못하며, 신뢰받지 못하는 집단이라는 불명예에서 벗어나야 한다. 그리고 국민을 대표해 국민이 원하는 정책을 추진할 수 있는 정치력과 행정력을 갖춰야 한다. 나아가 행정부를 적극적으로 통제하기 위한 제도 개혁을 해야 한다. 이미 개혁 방안과 통제 방안은 연구가 많이 돼 있다. 적용만 하면 된다. 하지 않아서 그렇지 하면 효과를 낼 가능성이 크다. 그런데도 현실을 바라보면 회의적일 수밖에 없어서 마음이 아프다. 여전히 어공들의 수준이 너무 저질이기 때문이다.

그래도 희망을 가져본다. 이제 우리가 선출할 어공들은 앞으로 4년 또는 5년 동안 우리 국가와 지역 사회에 영향을 준다. 어떤 사람이 과연 늘공들을 잡고서 국민들을 위해 제대로 일할지 고민해야 할 시기다. 어공과 늘공을 동시에 개혁할 수 있는 기회이기도 하다. 어떤 어공을 뽑아야 늘공들을 잘 이끌지 심사숙고해 한 표를 찍자.

2021년 9월 14일

대통령 선거와
일론 머스크

정종원

일론 머스크라는 논란의 인물이 있다. 어떤 사람은 사기꾼, 사고뭉치, 입만 살아 있는 몽상가라 비웃지만, 스스로 아직 젊다고 느끼는 내 눈에는 정말 멋져 보였다.

전기 자동차를 만들겠다고 공언하고 우주 사업을 추진하겠다고 이야기할 때는 모두 머스크를 비웃었다. 유튜브에 가면 그때 머스크를 비웃던 영상들을 여전히 볼 수 있다. 머스크는 약속을 지켰다. 가장 완성도 높은 전기 자동차를 만들었고, 재활용할 수 있는 로켓을 상용화했다. 이제 머스크는 화성 여행을 이야기한다.

머스크, 내일을 이야기하는 사람

머스크는 '비교'되는 사람이 너무 많아서 더 멋져 보였다. 대통령이라는 사람은 삽질을 하면서 피 같은 혈세를 낭비하고 있었고, 자동차 만드는 회사를 물려받은 대기업 총수는 강남 노른자 땅을 사느라 혈안이 돼 있었다. 전자 금융업으로 돈을 번 머스크는 전기 자동차를 만들었고, 전기 자동차로 돈을 번 머스크는 우주 기술에 투자했다. 재활용할 수 있는 로켓으로 엄청난 부를 일굴 것이다. 그리고 그 엄청난 부를 다시 미래 기술에 투자할 것이다. 가끔 헛소리를 늘어놓고 추한 모습을 보이기도 하지만, 나는 머스크가 멋있는 사람이라고 생각한다. 내일을, 미래를 이야기하기 때문이고, 그 이야기를 현실로 옮기려 노력하기 때문이다.

우리네 삶도 비슷하다. 어떤 문제만 해결되면 만사가 다 풀린 것 같았지만 또 다른 문제가 나타나고, 그 문제만 넘어가면 별일 없을 듯하다가도 세상 풍파는 다시 몰려온다. 그래도 어려움을 이겨낼 수 있는 것은 당장 그 문제만 바라보고 살지 않기 때문이다. 저 멀리 내가 원하는 삶이 있기 때문이다. 세상 돌아가는 꼴이 엉망이어도 우리가 바라보는 이상이 있으니, 그런 날이 언제가 오리라는 희망을 품고, 내 할 일을 하면서, 그렇게 위로하며 이겨낸다. 오늘이 괴로워도 내일이 더 나아질 수 있으므로, 그래도 웃으며 살아가려 노력한다.

대통령, 5년을 약속하는 사람

우리네 삶이 이런데 나라의 미래는 어떨까. 더더욱 당장의 고통과 어려움이 있더라도 더 나은 미래를 위해, 우리 아이들과 후손들에게 좀더 살기 좋은 세상을 만들어주기 위해 그 정도는 감내해야 마땅하다. 과연 우리는 어디를 바라보며 사는가?

내년은 대통령제를 채택한 우리나라가 대통령을 뽑는 해다. 각 정당이 당내 경선을 거쳐 대통령 후보를 정했다. 이제 그 대통령 후보들은 내일을 이야기하고, 대한민국의 미래를 설계할 정책 공약을 제시해야 한다. 대통령 후보들은 어떤 미래를 이야기할까? 미래를 고민이나 하고 있을까? 우리의 아이들과 후손들의 내일에 관심이나 있을까?

우주, 화성, 로켓과 인류의 삶은 전혀 무관해 보이지만, 달을 바라보고 우주를 꿈꾸는 그 마음들 덕분에 기술이 발전했고, 그 결과 경제적 발전은 물론 새로운 도전도 가능해졌다. 몽상가 소리를 듣는 사람들이 혁신적 발전을 이룩했고, 새 시대를 열었다.

달, 화성, 미래

나하고 전혀 관계가 없어 보이는 대통령이라는 존재도 내 삶에 큰 영향을 주고, 우리의 미래를 변화시킬 수 있다. 좀더 바람직한 미래를 만들고 의미 있는 변화를 준비하는 후보는 누구인지 생각하고 또 생각해야 한다. 그 후보가 우리 삶을 위해 어떤 고민을 하고 있는지 우리는 알아야 하고, 한 번 더 생각하고, 투표를 해야 한다.

냉전이 극한으로 치달을 무렵, 존 피츠제럴드 케네디 미국 대통령은 우주를 이야기했고, 달에 인간을 보냈다. 누군가 삽질하고 강남 노른자 땅에 집착할 때, 머스크는 화성을 이야기하고 로켓 재활용 기술을 개발했다. 우리는 도대체 어디를 보며 살아가는가? 우리 공동체의 미래를 이야기하는 대통령이 새로운 5년을 맞이할 수 있도록 우리도 함께 고민하고, 공부하고, 실천해야겠다.

2021년 11월 9일

민관 거버넌스와
시민 참여

김기현

한때 부천은 민관 거버넌스, 민관 협치의 도시로 유명했다. 김만수 전 시장이 초대형 개발 사업을 강행하면서 시와 시민사회의 갈등이 격화됐고, 부천지속가능발전협의회(지속협)도 해산되면서 부천의 민관 거버넌스는 실종됐다.

장덕천 부천시장은 취임 뒤 민관 거버넌스 복원을 약속했지만, 지속협 관련 조례가 시의회에서 여러 차례 부결되고 보류되면서 지지부진한 상태에 머물러 있다.

미세먼지 대응과 민관 거버넌스

국립환경과학원에서 발표한 2016년 미세먼지(PM 10) 농도 상위 20개 측정소 중 3개(내동, 상1동, 원종동)를 차지할 정도로 부천의 미세먼지 문제는 심각하다. 부천시도 몇 년 전부터 문제의 심각성을 인식하고 미세먼지대책과를 만들어 다양한 노력을 기울이고 있다.

미세먼지 문제는 복잡하다. 시민들이 적극 참여하고 협조하지 않으면 실질적인 성과를 거두기 어렵다. 이런 특징을 파악한 부천시 미세먼지대책과가 시민단체에 협조를 요청했고, 몇 차례 논의를 거쳐 미세먼지대책과와 부천YMCA가 협업하는 민관 거버넌스 시민 참여 프로그램 '부천시 미세먼지 시민정책가'가 2021년 9월부터 활동을 시작했다.

부천시 미세먼지 시민정책가

9월 6일부터 9월 15일까지 시민정책가를 모집했다. 시민들은 적극 호응했다. 15개 팀 60명을 모집하려던 계획을 확대해 21개 팀 87명으로 구성했다. 9월 17일 오리엔테이션을 시작으로 3개월 동안 교육 4회, 모니터링 6회, 행사 3회, 회의와 보고회 3회를 치러 약 800명이 참여했고, 12월 17일에 수료식을 앞두고 있다.

부천시에서 이미 설치한 미세먼지 관련 시설을 시민들이 직접 모니터링한 것은 처음인 만큼 의미가 컸고, 여러 가지 시민 의견이 제시됐다. 간이 측정기를 이용한 '우리동네 미세먼지 모니터링'(2회)은 생활 터전 곳곳에서 미세먼지를 측정했다. 주변 여건에 따라 미세먼지 상태가 달라지는 모습을 확인하면서 미세먼지가 발생하는 원인과 주변 여건이 미세먼지에 미치는 영향을 시민들이 직접 점검하고 확인하는 계기가 됐다.

미세먼지 저감을 위해 자전거 도로와 보행로 모니터링, 가로수 모니터링을 2회씩 진행했다. 그 정도로 모든 상황을 파악하기는 어렵지만 지나친 가지치기(강전정) 문제나 미세먼지 저감에 큰 영향을 미치는 부실한 가로수 관리 문제를 확인했다.

자전거 모니터링은 담당 부서에서 이미 진행하고 있다는 사실을 알게 됐다. 이 자전거 모니터링에 시민 참여를 접목해 지자체와 시민이 모니터링을 함께하고 시민 의견을 수렴했다.

민관 거버넌스로서 부천시 미세먼지 시민정책가

행정은 제도와 지침에 따라 운영되며 정보와 예산을 활용할 수 있다. 민간은 시민의 욕구에 민감하게 반응하며 시행착오를 통해 활동을 발전시킨다. 이런 각자의 특성은 갈등 요인이 될 수도 있고 문제 해결과 발전의 계기가 될 수도 있다.

성숙한 민주주의 사회에서는 정치와 행정에서 권위주의와 폐쇄주의를 찾아보기 어렵다. 정치와 행정은 시민들의 친구이고 동반자다. 모두 평등하고, 자연스럽게 대화하고, 타협하면서 함께 문제를 해결한다. 제도적 민주주의를 이룩한 우리 사회는 실질적 민주주의가 취약한 탓에 불신과 갈등의 늪에서 아직도 허우적거리고 있다.

민관 거버넌스는 시대적 유행이라서 하는 것이 아니다. 미세먼지, 기후 위기, 에너지, 교통과 보행, 사회적 경제 등 복잡하고 상호 연결된 현대 사회의 문제들은 다양한 이해관계자들의 참여를 바탕으로 한 조정과 합의, 창의적 접근과 시행착오를 거쳐야 해결될 수 있다. 그래서 민관 거버넌스가 복잡한 사회 문제를 풀 해법으로 부각되고 있다. 생각이 다르고, 위치가 다르고, 경험이 다른 행정, 시민단체, 전문가, 시민이 이 과정을 함께 하려면 경청과 대화, 상호 이해와 상호 존중이 필요하다.

부천시 미세먼지 시민정책가는 미세먼지대책과와 시민단체, 미세먼지 시민정책가로 참여한 시민 87명이 함께 문제를 파악하고, 소통하고, 협업할 때 어떤 시너지 효과를 내는지 잘 보여줬다. 미세먼지 시민정책가들이 제기한 의견이 실제로 받아들여져 개선되는 과정이 과제로 남아 있지만, 미세먼지대책과가 적극적이고 열린 태도로 소통한 덕분에 가능한 일이었다.

어려운 길을 함께 걸어가는 부천시 미세먼지대책과, 3개월간 이어진 빡빡한 일정에 적극 참여한 부천시 미세먼지 시민정책가 여러분께 감사드린다. 부천YMCA는 제기된 의견 하나하나를 소중히 여기고 실질적인 변화로 이어질 수 있게 노력할 것이다(부천시 미세먼지 시민정책가 모니터링 내용은 '부천시 미세먼지 포털서비스(www.airbucheon.or.kr)'의 시민참여광장 메뉴에서 확인할 수 있다).

2021년 12월 12일

스킬라와
카리브디스 사이에서

정종원

'between Scylla and Charybdis'라는 영어 관용구가 있다. '진퇴양난' 정도로 해석된다. 어느 하나를 선택할 수 없는 아주 곤란한 상황을 뜻한다. 오디세우스는 트로이 전쟁을 끝낸 뒤 고향인 이타카로 향하다가 난관에 봉착했다. 여성의 몸에 머리가 여섯 개 달린 스킬라는 보이는 것은 뭐든 잡아먹는 괴물이고, 무시무시한 이빨을 가진 카리브디스는 바닷물을 삼켜서 뱉어내며 지나가는 배를 몰살시킨다. 오디세우스와 일행은 왼쪽에 자리한 스킬라와 오른쪽에 버티고 있는 카리브디스 사이에서 갈등하다가 전멸하기보다는 6명만 희생하기로 하고 스킬라 쪽으로 향했다.

진퇴양난에 놓인 시민

오디세우스가 직면한 진퇴양난이 2022년 한국에도 펼쳐지고 있다. 우리는 2022년 3월에 새로운 대통령을 뽑고, 6월에 지방 선거를 치른다. 특히 대통령 선거를 놓고 보면, 이쪽도 저쪽도 선뜻 선택할 수 없는 안타까운 상황이다. 유력한 두 후보를 둘러싼 잡음이 끊이지 않기 때문이다. 선명한 정책 대결을 펼쳐야 하는데 음해와 네거티브만 난무한다. 그래도 우리는 누군가를 선택해야 한다.

누구를 선택해야 하는가? 스킬라를 선택한 오디세우스처럼 할 수밖에 없다. 모든 자격을 갖춘 후보가 없다면, 최악은 피해야 하지 않을까? 앞으로 5년 동안 대한민국을 책임질 대통령이니, 조금이라도 더 나은 사람을 선택해야 하지 않을까?

투표의 기준

투표의 기준을 보통 '3P'라고 말한다. 인물person, 정당party, 정책policy이다. 지난날 우리는 인물 중심 선거를 해왔다. 저 사람이 어느 지역 출신인지, 배경이 어떤지, 개인적인 흠은 없는지 보고 투표를 했다. '우리가 남이가'라는 지역주의도 이런 인물 중심 선거 경향 속에서 나타난 현상이었다. 다행히 김대중과 김영삼 같은 상징적 인물들이 있어서 군부 독재를 끝내고 문민화(민주화)와 평화적 정권 교체가 실현됐다. 인물 중심 선거 경향이 준 혜택이기도 했다.

3김 정치가 종언을 고하면서 인물 중심 시대를 넘어 가치와 이념을 중심으로 한 정당 중심 선거 경향이 확대되기 시작했다. 인물보다 정당 일체감을 강조하는 투표 경향, 곧 생각과 가치관을 공유하는 정당에 투표하는 흐름이 나타났다. 지역주의와 인물 중심 정당 구조는 민주화 뒤에도 오랜 기간 유지되고 지금도 영향을 미치고 있지만, 과거에 견줘 영향력은 줄었다.

요즘에는 정책이 어느 때보다 강조된다. 여론 조사에서도 투표 기준이 정책이라고 답하는 비율이 과반수인 사례가 대부분이다. 이제 평범한 시민도 공약을 살펴보고 후보의 정책 역량과 실행 가능성을 판단할 수 있다는 말이다. 그런데 이번 대선은 정책 대결이 거의 사라졌다.

국민을 갈라 치는 언론

언론 문제를 지적하지 않을 수 없다. 후보가 정책이나 공약을 발표해도 그런 정책이나 공약이 우리 삶에 어떤 영향을 주는지 해설하기보다는 사소한 말실수를 집중 보도하거나 정쟁으로 몰아가느라 바쁘다. 비슷한 정책 공약을 발표해도 이 후보의 정책은 친서민으로 포장하고 저 후보의 정책은 포퓰리즘으로 매도한다. 막대한 재정이 투입될 수밖에 없는 한 후보의 정책은 과감하고 통 큰 결단이라 극찬하지만, 다른 후보가 낸 비슷한 공약은 재정 파탄을 불러온다며 평가 절하를 한다. 후보가 지닌 식견을 내보이고 견해를 알리려면 토론을 해야 하는데, 거부하는 후보가 있어도 이런 태도를 비판하지 않는다.

한국 언론을 보고 있으면 좋은 후보, 괜찮은 후보는 없는 것 같다. 최악의 후보만 있다고 말하고, 좋은 면을 보고 싶어도 볼 수 없게 하고, 특정 후보를 악마화하고, 자극적 이슈를 동원해 국민을 갈라 친다.

누군가는 뽑아야 하는 선거

최악들 중에, 그래도 차악을 선택해야 한다면 어떤 기준이 필요할까? 분노를 내려놓고, 증오와 편견에서 벗어나, 냉정하게 정책으로 판단하면 좋겠다. 그런 정책을 실현하려는 진정한 의지가 있는지, 실현할 수 있는 역량이 있는지 살피면 좋겠다.

대선 후보 토론이 진행되지 않아 답답한 마음을 풀어준 유튜브 '삼프로TV'의 대선 주자 인터뷰가 엄청난 인기를 누렸다. '나라를 구한 방송'이라는 별칭도 생겼다. 그만큼 우리는 정책 선거를 열망하고 있다. 차악을 선택해야만 하는 선거에서 우리는 과연 어떠한 기준을 선택해야 할까? 다시 강조하지 않을 수 없다. 정책과 공약을 보라!

2022년 1월 13일

4부

코로나 시대
ㅡ 팬데믹과 도시 마을 생존법

'100만 도시'와
기후 위기 시대

최진우

부천에서 코로나19 감염 확산을 걱정하고 사회적 거리 두기를 호소하느라 가장 애쓴 사람은 단연코 장덕천 부천시장이다. 부천 시민들은 장덕천 시장 페이스북에서 공신력 있는 확진자 정보를 가장 먼저 접했다. 과장된 정보와 부정확한 소식이 난무하는 와중에 정보를 빠르게 공개하고, 방역에 헌신하고, 사회적 거리 두기를 열심히 호소한 사실을 잘 알고 있다. 유치원, 학교, 병원에서 확진자가 발생할 때 확진자나 접촉자의 이동 경로를 빨리 알려주지 않는다고 시민들이 화를 내도 침착하게 잘 대처했다. 지난 연말연시에도 장덕천 시장은 사적 만남을 자제하자고 강하게 호소했고, 시민들은 기꺼이 따르며 함께 노력했다.

감염병에 취약한 도시?

2021년 새해가 된 뒤에도 확진자는 좀처럼 줄어들지 않고 있다. 1월 4일에 12명이 발생해 '부천-1251번'을 기록했다. 장덕천

시장이 헌신적으로 대응하고 시민들도 모임을 자제하면서 방역 수칙을 준수하려 노력하는데도 확진자 수는 전국 최고 수준이다. 부천 시민들은 부천이 감염병에 취약한 도시라는 현실을 잘 경험하고 있다. 사회적 거리를 둬야 하지만 인구밀도가 너무 높다. 크리스마스 때 장덕천 시장은 페이스북에서 호소했다. "부천시 인구밀도는 전국 최고 수준이고, 하루 평균 이동량이 330만 건으로 많습니다. 감염병에 취약한 상황입니다. 생계(업무)로 인한 것이 아니면 이동을 자제해야 합니다." 문득 부천이라는 도시의 암울한 미래를 느낀다. 전국에서 녹지가 가장 부족하고 미세먼지 농도가 최악이어도 많은 사람이 건강한 공동체를 꾸려 살기 좋던 도시 부천은 팬데믹 시대를 맞이해 감염병에 취약한 도시가 돼버렸다.

지난달 인구 100만 명 이상 대도시를 '특례시'로 지정하는 지방자치법 전부 개정안이 국회 본회의를 통과했다. 수원시, 고양시, 용인시, 창원시가 1년 뒤에 특례시로 출범하게 되는데, 행정과 재정에서 광역시에 버금가는 자치권을 비롯해 다양한 혜택을 누린다고 한다. 자율적 도시 개발이 가능해 지역 실정에 맞는 맞춤형 도시 발전 전략을 수립하고, 광역 자치단체를 거치지 않고 중앙 정부하고 직접 교섭해 정책을 빨리 결정할 수 있으며, 공무원 수도 크게 늘릴 수 있다고 한다. 부천에서도 100만 도시를 달성하려는 움직임이 꿈틀댄다. 부천시 홈페이지 메인 화면 위쪽에 명시된 인구수는 현재 84만 4670명이다.

부천시는 '2030 도시기본계획'에서 인구 99만 명을 계획했다. 김만수 시장 시절에 100만 명 이상을 계획하지만 경기도 심의 과정에서 조정됐다. 현재 부천에서는 각종 도시 개발 사업이 한창이다. 대장 신도시 2만 세대를 비롯해, 영상문화단지, 오정 군부대, 역곡 공공주택, 종합운동장 역세권 등 개발을 결정한 곳에 들어설 아파트는 3만 6000세대가 넘는다. 여기에 재건축 등 크고 작은 개발까지 합치면 4만 세대가 늘어날 예정이다. 인구 100만 명 달성이 눈앞에 보이는 것 같다. 장덕천 시장은 2019년 5월 대장 신도시 개발을 발표하는 기자 회견에서 100만 명은 어려운 목표이며 의도적인 계획도 없다고 말했다. 그러나 부천시가 정책적으로 100만 도시 프로젝트에 돌입한 듯하다는 소문이 들리고, 특례시에 대비해 발 빠른 대책을 세워야 한다는 주문과 기대도 많아지고 있다.

미세먼지 특례시?

부천은 2017~2019년에 미세먼지 파국을 맞이했다. 시민단체에서는 오염원 관리, 공기 청정기와 정화 장치 설치뿐 아니라 쾌적하고 시원한 공기를 만들 수 있는 녹지 환경을 보전하라고 요구했다. 녹지가 절대적으로 부족하고 인구밀도가 높은 부천에 신선한 바람길 구실을 하는 대장들녘 논 습지를 농업 공원으로 개발해 친환경 미래를 일구자고 제안했다. 그러나 3기 신도시 개발이 부메랑으로 돌아왔고, 지난 몇 년간 뜸 들인 여러 대형 토건 개발 프로젝트가 동시다발로 진행되고 있다. 도시에 필요한 자연 녹지를 없애고 공기 정화 시설 몇 개로 미세먼지를 해결할 수는 없다. 새로 심은 나무가 정화 기능을 하려면 수십 년이 필요하다.

2020년 코로나19 시대를 거치며 우리는 감염되지 않기 위해 처절하게 노력하며 살아가고 있다. 그런데 동시에 인구 100만 특례시를 기대하면서 토건 개발의 욕망을 좇고 있다. 솔직하게 말하면 나도 감염병이 확산될 수밖에 없는 과밀화된 도시 공간과 인구 구조를 걱정하면서도 집값이 올라가면 좋아한다. 내 가족만 조심한다고 해서 안전할 수 없는 감염병 사회에서 우리는 자연 파괴를 멈추고 공생해야 한다는 교훈을 깨닫지 못하고 있다. 아직 먹고살 만해서 그럴까? '감염병에 강한 100만 도시 부천'은 단연코 달성할 수 없는 목표다.

미래 세대는 어떨까? 미세먼지나 코로나보다 더 강하고 위험한 기후 위기 시대가 도래했다. 기후 위기는 거스를 수 없는 상수가 됐다. 2018년 그레타 툰베리가 시작한 학교 파업은 전 세계에 퍼졌고, 2019년 한국에서도 '청소년 기후행동'과 '기후위기 비상행동'이 시작됐다. 2020년 6월 전국 228개 지자체가 동시에 '기후위기 비상선언'을 선포했고, 9월 국회는 '기후위기 비상선언' 결의문을 채택했다. 문재인 대통령도 기후 위기 대응은 선택이 아니라 필수라며 인류 생존과 대한민국 미래를 위해 2050년 탄소 중립을 목표로 그린 뉴딜 정책을 추진하고 있다.

'한국판 뉴딜'과 '제2의 녹색성장' 사이에서

작년 11월, 부천 소명여고에서 열린 기후 위기 프로젝트 발표회에 장덕천 시장이 참여했다. 학생들은 기후 위기 피해 사례, 기후 위기 원칙과 합의, 국내외 정책과 사례 등을 발표하면서 모두 함께 노력하고 동참하자는 제안을 했다. 한 학생이 당찬 메시지를 던졌다. "기후 위기 대책이 한국판 뉴딜이 될지 제2의 녹색성장에 머무르는 정책이 될지 지켜보겠습니다." 이 말이 무슨 뜻인지, 우리는 무엇을 돌아봐야 하는지 장덕천 시장을 비롯한 지역 정치인과 시민단체는 잘 새겨들어야 한다. 우리 아이들이 지켜보고 있다. 묻지 마 개발이 아니라 성찰이 필요하다.

2021년 1월 5일

공익을 해친
코로나19 백신 보도

정종원

아무리 심지 굳은 사람이라도 주변 사람이 모두 한결같은 이야기를 하면 믿을 수밖에 없다. 인간 행동에 관한 재미있는 연구 중 길이가 같은 막대를 맞추는 실험이 있다. 1~3번 막대 중 보기하고 길이가 같은 막대는 무엇인지를 7명에게 물었다. 답은 3번이다. 실험 참여자 7명 중 앞선 6명이 모두 의도적으로 1번이라고 답하면 7번 실험 참여자의 75퍼센트 정도가 3번이 아니라 1번이라고 답한다. 동조 과잉 현상이다.

주관적 불안감과 객관적 통계

비슷한 사례는 또 있다. 우리는 비행기가 가장 안전한 교통수단의 하나이고, 사망자 또한 가장 적다는 사실을 안다(10억 킬로미터당 사망자 수는 오토바이 108.9명, 자전거 44.6명, 자동차 3.1명, 기차 0.6명, 버스 0.4명, 비행기 0.05명이다). 그러나 우리는 비행기를 탈 때 자동차를 탈 때보다 더 불안해하고, 특히

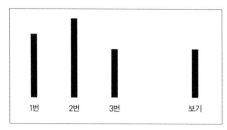

보기하고 길이가 같은 막대는 몇 번일까.

난기류를 경험하면 비행기 타기가 꺼려지기도 한다.

두 사례 모두 인간이 지닌 불완전성과 자기방어 기제가 동시에 작용한 결과다. 인간의 사고와 판단에는 결함이 있을 수밖에 없고, 그렇기 때문에 정확한 정보를 주더라도 불안해할 수 있는 여지가 충분하다. 더욱이 과장된 소문이나 가짜 뉴스 같은 잘못된 정보에 둘러싸이면 틀린 결정을 하거나, 나아가 공동체의 이익을 해치기도 한다.

코로나19를 맞이한 한국도 이런 상황이다. 의료 선진국들은 전대미문의 팬데믹을 끝내려는 신속히 백신을 개발했고, 세계 각국은 백신 접종을 시작했다. 한국도 2021년 2월 26일 코로나19 백신 접종을 시작했지만, 여전히 부정확한 뉴스와 악의적인 왜곡 기사가 여기저기 출몰하고 있다.

'K 방역'과 불필요한 논란들

2020년 가을, 코로나19가 확산되는 와중에 독감까지 퍼져서 발생할지 모를 의료 참사를 막기 위해 정부는 독감 예방 백신 무료 접종 대상 확대와 가격 할인을 실시했다. 전 국민이 접종할 수 있는 양을 확보했고, 우수한 의료 전달 체계 덕분에 전국민 백신 접종은 큰 문제 없이 진행되는 듯했다.

그런데 독감 백신을 맞고 사망한 사람이 있다는 뉴스가 연일 쏟아졌다. 사망 원인이 독감 백신인 것처럼 쓴 기사는 공포를 자극했고, 결국 2019년(73.1%)보다 낮은 접종률(64%)을 기록했다. 질병관리청은 독감 백신을 맞고 사망한 사람이라고 신고한 110명을 심층 조사한 결과 중 인과성이 확인된 사례는 없다고 발표했다.

코로나19 백신 접종이 전세계적으로 시작될 때 언론은 한국이 속도가 늦다며 정부를 비판했다. 한국 언론들은 왜 백신을 확보하지 못하냐며 정부를 타박했지만, 주요 외신《블룸버그》는 코로나19 대응을 잘한 한국과 아시아 국가들이 백신 접종 결과를 살펴 접종을 시작하는 '사치'를 누린다고 보도했다. 독감 백신 사태를 겪은 뒤라 보건 당국은 안전성을 검토할 시간이 필요했고, 그런 신중함이 사치처럼 보인다는 부러움을 드러낸 셈이었다. 코로나19 확산세가 너무 가팔라 임상 실험을 거치지 않고 접종을 시작한 탓이었다. 그런데도 한국 언론들은 현실을 외면한 채 백신 접종이 늦다며 정부만 질책했다.

감염병 보도 준칙 무시하고 정쟁만 부추기는 미디어

막상 2월 26일에 백신 접종을 시작하려 하자 처음 도입된 아스트라제네카 백신의 안전성을 불신하는 뉴스가 쏟아졌다. 아스트라제네카 백신 임상 실험에서 안전성 문제가 발생하지 않은 사실이 밝혀지자 이제는 효과성이 떨어진다는 보도를 쏟아냈다. 대통령이 먼저 아스트라제네카 백신을 맞아야 한다고 야권이 주장하자 정치 논쟁으로 확산시켜 안전성과 효과성에 문제가 있는 양 부정확한 보도를 쏟아냈다. 대통령이 먼저 아스트라제네카 백신을 맞으면 특혜라고 난리를 쳤을 것이다.

백신 접종이 시작되면서 3월 8일 기준 사망자가 9명 발생했는데, 백신 독감 때처럼 인과성이 밝혀지지 않은 상황에서도 '속보'와 '단독'을 붙여 사망자 발생 보도를 연일 쏟아내고 있다. 이러면 이래서 문제이고 저러면 저래서 문제라며 혼란과 정쟁만 부추기는 왜곡 보도와 과장 보도가 판을 친다.

한국기자협회, 방송기자연합회, 한국과학기자협회가 공동 제정한 '감염병 보도준칙'이 있다(2020년 4월 28일 시행). 핵심은 ① 정확한 사실에 의한 보도를 한다, ② 추측성 기사나 과장된 기사는 국민들에게 혼란을 야기해서는 안 된다, ③ 감염병을 퇴치하고 피해 확산을 막는 데 언론인들도 함께 노력해야 한다, ④ 의학적으로 밝혀진 것과 밝혀지지 않은 것을 명확히 구분해 전달한다, ⑤ 불확실한 상황에 대해서는 전문가 의견을 제시하며 추측 보도나 과장 보도를 하지 않는다, ⑥ 기사 제목에 패닉, 대혼란, 대란, 공포, 창궐 등 과장된 사용을 주의한다, ⑦ 자극적인 수식어 사용에 주의한다, ⑧ 감염병에 대한 충분한 사전 교육을 받지 않은 기자들이 무분별하게 현장에 접근하는 일이 없도록 해야 한다로 요약된다.

이런 보도 준칙을 정해 놓고도 기자들은 공포를 조장하는 기사를 쏟아내고 있다. 감염병이 창궐하고 정부 방역이 망하기를 바라는 것 같은 뉴스만 접하려니, 과연 우리가 서둘러 갖춰야 하는 집단 면역이라는 공익에 한국 언론은 관심이나 있는지 의심하지 않을 수 없다.

우리 사회의 공익과 언론인의 사명 따위는 집어던지고 이른바 '우라까이'(다른 보도 베껴 기사 쓰기)로 편하게 기사를 쓰는 기자, 건강, 의학, 과학을 정치적 논쟁으로 만들려는 데스크, 자극적 기사로 클릭 수를 늘려 수익을 올리려는 언론사가 합작한 천박한 뉴스들이 한국 언론의 현실을 보여준다.

한국의 언론 신뢰도, 40개국 중 4년 연속 꼴찌

옥스퍼드 대학교 부설 로이터 저널리즘 연구소는 40개국 언론을 대상으로 해마다 보고서를 발표한다. 2021년에 낸《디지털 뉴스 리포트 2020^{Digital News Report 2020}》에 따르면 한국의 언론 신뢰도는 21퍼센트로, 40개국 중 40등이었다. 4년 연속 꼴찌였다.

필리핀, 케냐, 체코, 남아프리카공화국 등 개발도상국 언론보다 낮은 신뢰도다. 눈부신 경제 성장을 거듭하며 어느새 선진국 반열에 들어선 한국에 저질 언론이 판치는 현실이 놀라우면서도, 어떻게 우리가 버티고 있는지도 신기할 노릇이다. '기레기'들에게 한마디 하고 싶다. 자식 보기 부끄럽지 않나요?

2021년 3월 9일

백신과
재난 불평등

신희주

지난 1월 마지막 날, 강원도 원주시에 있는 한 재개발 지역에서 화재 사건이 나서 다문화 가정의 두 아이와 필리핀 국적인 조모가 세상을 떠났다. 재개발 지구로 지정돼 10년 넘도록 방치된 곳이었다. 두 아이의 어머니는 필리핀 국적 이주 여성으로 코로나 때문에 실직한 상태였고, 한국인 남편은 외국에 나가 일하고 있었다. 재개발 지역, 이주 노동자, 코로나 실직, 화재, 한 가족의 죽음. 이 다섯 가지 단어는 그저 우연히 겹쳐서 한 사건에 등장한 걸까?

지난해 전세계를 덮친 코로나19라는 낯선 감염병은 대상을 가리지 않고 침범했지만, 사람들은 자기가 살고 있는 세계의 질서에 따라 다르게 반응했다. 미국에서는 비백인 인구 비율이 높은 지역일수록 코로나 감염자와 사망자가 많았고, 영국에서는 전문직 노동자보다 육체노동자들이 코로나로 더 많이 목숨을 잃었다. 한국에서도 구로 콜센터, 쿠팡 부천 물류센터에

서 벌어진 집단 감염 사태를 통해 나쁜 노동 환경은 감염병에
도 취약할 수밖에 없다는 점이 드러났다. 그런데 감염병 불평등
은 단순히 코로나에 취약한 노동 계층이 더 많이, 그리고 더 쉽
게 감염될 수 있다는 것 이상을 의미한다.

코로나 갑질, 비정규직에게 더 가혹한

인권 단체 '직장갑질119'는 2020년 4월부터 네 차례에 걸쳐 직
장인을 대상으로 코로나가 노동시장에 일으킨 변화를 추적했
다. 지난 1년 동안 일하는 사람들이 받은 충격은 예상보다 훨
씬 더 심각했다. 그러나 일하는 사람 중에도 어떤 이들에게는
더 가혹했다. 프리랜서와 특수 고용직 노동자를 포함한 비정규
직 노동자 말이다. 노동시장이 받은 충격을 정규직과 비정규직
으로 나누어 살펴보면, 2020년 1월 이후 실직을 경험한 비정규
직 노동자의 비율은 정규직보다 8배 높았고, 개인 소득 감소를
경험한 비정규직 노동자 비율은 정규직의 3배를 넘어섰다. 수
입 감소로 직결되는 평균 노동시간도 비정규직이 3배 넘게 준
것으로 나타난다. 게다가 코로나 갑질은 다양한 방식으로 비
정규직 노동자를 괴롭혔다. 권고사직, 해고, 계약 해지로 정규
직 노동자보다 먼저 직장을 잃었고, 무급 휴직 강요, 임금 삭
감, 차별 대우로 정규직 노동자보다 훨씬 더 심하게 직업적 삶
과 생존을 위협받았다.

　사실 코로나 이전부터 한국 사회의 비정규직 노동자가 고
용 조건, 노동 환경, 사회 보호 등 모든 면에서 정규직 노동자

에 견줘 차별받은 사실은 잘 알려져 있었다. 일하다 다치고 죽어간 사람들의 절대다수가 파견이나 용역 같은 간접 고용, 계약직이나 임시직에 종사하는 비정규 노동자였다. 그런데 코로나 시기에 무엇이 그렇게 새로운가? 우리가 여기서 주목해야 할 것은 감염병 대유행 같은 재난 상황이 비정규직 노동자의 삶을 더 극단으로 몰아간 점이다. 코로나가 우리 삶을 덮치고 몇 달 동안 이어진 충격이 지난 뒤 정규직 노동시장은 안정을 되찾고 이전의 소득 수준을 회복했다. 그렇지만 비정규직 노동자들은 고용과 임금 조건, 처우 등에서 이전 수준을 회복하지 못한 채 전반적으로 하락했다. 또한 우울감과 불안감은 코로나 초기부터 정규직보다 비정규직 노동자들에게 더 높은 수준으로 찾아왔고, 감염병이 지속된 1년 내내 누적되고 증가했다.

절반의 비정규직, 사회적 보호의 사각지대에 놓여

끝이 아니었다. 사회는 비정규직을 외면했다. 부당한 해고에 맞서 보호받을 제도도, 실업이 주는 충격을 상쇄할 고용보험도 제대로 없었다. 아프면 집에서 일주일 쉬라는 방역 지침은 있었지만, 휴식 기간 동안 줄어든 수입을 보장해야 할 국가는 제대로 작동하지 못했다. 또한 일하는 사람이 질병 때문에 일을 하지 못할 때 생계를 위한 수입을 보장하는 유급 병가 제도가 없는 한국에서 비정규직 노동자들에게 알아서 병가를 주는 선의의 고용주는 존재하지 않았다. 여전히 절반에 가까운 비정규직 노동자는 사회적 보호의 사각지대에 살고 있다. 코로나 재난 상황에서 우리 사회가 비정규직 노동자를 외면하는 동안 주식과 아파트는 코로나 이전 시기를 웃도는 수준으로 올랐다. 코로나가 지나간 시대의 한국 사회는 어떤 모습이 될까.

재난은 사회 안전망을 점검하는 계기

왜 재난은 가난한 이들에게만 가혹할까? 이런 질문을 던지는 《재난 불평등》을 쓴 존 머터는 재난은 일련의 과정이라 말한다. 흔히 우리가 아는 재난 '사건'은 재난 과정의 일부일 뿐이다. 재난 '사건'이 사회에 영향을 미치는 정도를 결정하는 사회적 취약성은 그 사건이 벌어지기 전에 이미 재난의 조건을 형성하며, 재난 '사건' 이후 사회가 복구되는 과정 또한 재난을 구성한다는 말이다. 그래서 재난은 '끝이 아닌 시작'이다. 지진, 쓰나미, 원전 사고, 감염병 같은 '사건'이 사라진다고 재난이 끝나지는 않으며, 재난이 끝나는 지점에서 다시 '사회적 재난'이 시작될 수 있다. 사회적 재난이란 무엇일까? 불평등 확대다. 조지프 스티글리츠가 주장한 대로 불평등 확대는 사회 성원들의 박탈감을 증가시키고 사회적 신뢰를 저하시켜 궁극적으로는 사회를 해체시킬 수 있다.

지난 20여 년간 한국 노동시장은 정규직 중심의 안정적 노동시장에서 비정규직을 활용해 비용을 절감하고 수량적 유연성을 늘리는 방향으로 변해왔다. 그러면서도 사회 안전망은 정규직 중심에서 크게 나아가지 못하고 있다. 다른 나라를 앞서는 경제 성장률 덕분에 코로나 위기를 잘 극복하고 있다며 안도하고 있지만, 고용 회복 없는 성장의 위험은 간과되고 있으며, 코로나 여파로 생계 위기에 내몰린 자영업자 등에 관련한 대책은 좀처럼 속도를 내지 못하고 있다. 사회 지원 제도 확대, 새로운 공적 이전 소득 도입, 고용 유지를 위한 자금 조달 기회 확대 등 폭넓은 제도 정비를 통해 취약한 사회 계층이 사회적 보호에서 제외되는 사태를 막아야 한다.

코로나가 사라진 자리에 남는 것들

지난 2월부터 코로나 백신 접종이 시작됐고, 정부는 올 하반기까지 집단 면역을 달성한다는 계획을 세우고 있다. 국민들은 백신 부작용 때문에 불안하기도 하지만 이 재난 상황을 끝낼 수도 있다는 기대감도 크다. 코로나 바이러스는 백신과 치료제가 개발되면 곧 사라질지도 모른다. 그러나 코로나가 사라진 자리에서 우리는 깊은 상흔을 안고 살아야 할 수도 있다. 코로나 위기는 미래에 또 다른 재난이 발생할 때 모든 사회 성원이 보호받을 수 있는 근본적 변화로 나아갈 계기가 돼야 한다. 재난 과정 자체를 끝내려는 노력이 없으면 재난은 끊임없이 반복될 것이다.

2021년 3월 30일

코로나19는
뒤끝이 있다

김원규

내가 국가인권위원회에 근무할 때 이런 진정이 들어왔다. "코로나19 때문에 등교하지 못한 초등 1, 2학년생 자녀들만 집에 있는 상황에서 부모와 통화했음에도 불구하고, 카드사 직원과 법원 집행관 등 성인 남성 4명은 계속 벨을 누르고 문을 쾅쾅 두드리며 문을 강제로 열려고 해서 아이들이 공포에 떨고 겁에 질리게 만들었습니다."

진정인이 한 설명에 따르면 집안 사정이 어려워지면서 1년 전쯤 남편이 음식점을 시작했다. 개업하고 얼마 지나지 않아 닥친 코로나19 때문에 월세 내기도 빠듯한 상황이 되면서 그전에 사업할 때 쓴 카드 대금을 400만 원 정도 연체했다. 강제로 문을 열려던 집행관은 남편이 연체금을 즉시 갚는다고 전화로 약속한 뒤에야 철수했다. 코로나19가 생활 전선에서 고군분투하는 사람들, 특히 소규모 자영업자들에게 주는 영향을 잘 보여주는 일화다.

코로나19로 아이들이 학교에 가지 못하니 부모는 아이들만 남겨두고 출근했을 것이다. 직장에서 일하면서도 아이들 걱정에 찜찜하고 불안할 텐데 집행관이 와서 그 난리를 쳤으니 가슴이 철렁했을 것이다. 인권위가 나서서 그런 강제 집행 방식은 인권 침해이니 재발 방지 대책을 마련하라고 권고해도, 연체금이 없어지는 것도 아니고 장사가 갑자기 잘될 리도 없다. 아이들만 남겨두고 집을 나와야 하는 불안한 일상은 계속된다.

학력 양극화와 우울증

같은 사무실에 근무하는 여성 동료가 투덜대면서 집에 다녀왔다. 학교 선생님이 아이가 잔다고 엄마한테 전화해서 아이를 깨우러 집에 갔다. 원격 수업을 하는 선생님들은 자는 아이들 깨우는 것이 '일'이라 한다. 맞벌이 부모가 출근한 뒤 집에 혼자 남은 아이들이 원격 수업을 성실하게 듣는 일은 거의 불가능한지도 모른다.

서울시교육청 산하 서울교육정책연구소가 지난 4월 코로나19에 따른 학력 양극화 실태를 보여주는 보고서를 내놓았다. 서울시 전체 382개 중학교의 3년 치 국어, 영어, 수학 성적을 분석하니 코로나19를 겪으면서 중위권 학생 비율은 줄고 하위권 비율은 늘었다. 집에서 아이를 잘 챙길 수 있는 가정과 그렇지 못한 가정의 아이들 사이에 학력 격차가 더 심해졌다.

요양 병원에 계시는 장모님은 아내가 전화를 드려도 말씀을 잘 안 하신다. 일전에는 병원 입구에서 삶은 고구마를 건네는데 요양보호사가 어머님이 종일 말 한마디 없다고 걱정한다. 의사는 우울증 같다고 하더라는 말도 전한다. 병원에 갇혀 1년 넘게 꼼짝 못 하고 계시니 우울증을 안 겪을 도리가 있을까?

출퇴근길이 종각역에서 시작해 서울지방고용노동청을 지나기 때문에 퇴근 무렵이면 지하도에서 노숙인 무료 급식 현장을 볼 수 있었다. 그런데 이 무료 급식도 한동안 열리지 않았다. 코로나19 때문이었다.

방역 모범국의 어두운 이면

코로나19는 어려운 사람들을 더 어렵게 만들었다. 변이 바이러스 확산 등으로 아직 불확실하지만 예방 접종률이 70퍼센트에 이르는 11월경에는 코로나19가 잡힐 수 있다고 예상된다. 예상대로 큰 탈 없이 코로나19를 극복하면 한국의 감염병 대응은 세계적 모범 사례가 될 것이다.

이미 성공적인 방역 덕분에 한국이 국내총생산GDP 순위에서 OECD 국가 중 9위로 올라서고 국제적 위상도 높아지면서 문재인 대통령이 주요 7개국G7 정상회담에 초청받아 사실상 주요 8개국G8에 포함됐다. 그러나 이런 거시 지표에 코로나19의 어두운 이면이 가려지지 않아야 한다. 소규모 자영업자 문제 등 코로나19 피해 현황에 관한 실태 조사부터 시작해서 취약 집단의 현상태를 파악해야 한다.

20대 대선이 9개월도 남지 않았다. 이번 대선에서는 기본소득을 포함해 선진국 위상에 걸맞은 복지 체계를 재정립하는 문제가 핵심 쟁점이 될 것이 명확하다. 이 과정에서 실태 조사 결과에 근거해 취약 집단의 건강성을 회복할 방안도 함께 검토돼야 한다. 부천시가 해야 할 일도 많다.

2021년 6월 28일

코로나19와
부천 시민의 삶

정종원

2015년 어느 날씨 좋은 봄날의 저녁, 나는 부천YMCA 시민사업위원회 회의를 마치고 근처 호프집에서 시원한 맥주 한잔을 기울였다. 그때 한 위원이 제안했다. "우리가 열심히 정책 대안에 대해 고민하고, 부천시 발전에 관해 이야기를 나누지만, 정작 시민들은 어떻게 생각하는지, 그리고 과연 우리가 이야기하는 방향이 시민을 위한 방향인지에 대해 어떨 때는 고민이 되기도 합니다. 시민단체의 운동이 이제는 한걸음 나아가서 근거 중심으로 펼쳐지고, 시민들의 목소리를 경청하는 자세로 나아가야 합니다." 지금 4회에 이른 '부천 도시지표조사'가 시작되는 순간이었다.

시민단체가 주도한 '코로나19 특별조사 보고서'

중앙 정부나 지자체가 추진하는 주민 의식 조사나 도시 지표 조사는 여럿 있고, 부천시도 진행한다. 그러나 관이 아니라 시민단체가 주도해 대규모 표본을 수집하고 내가 사는 도시와 공동체에 관한 생각을 밝히는 조사는 부천YMCA와 가톨릭대학교 정부혁신생산성연구소가 진행하는 부천 도시지표조사가 한국 최초다. 특히 '2021 부천 도시지표조사'는 코로나19 관련 시민 의식 조사를 포함한다는 점에서 의의가 더 크다.

'코로나19 특별조사 보고서'로 이름 붙인 이 조사는 특히 충북연구원 북부지원 협력 연구로 진행돼, 부천시, 제천시, 단양군 주민들 사이의 인식 차이와 도시 특성이 주민 삶에 미치는 영향 등을 살필 수 있었다.

코로나19와 부천 시민의 삶

코로나19 관련 인식 조사에서 부천 시민은 감염 가능성을 조금 더 염려했으며, 자기가 감염되는 것보다 내가 가족이나 타인을 감염시킬 수 있다는 점을 더 걱정했다. 확진될 경우 주변에서 비난받을 수 있다는 점도 다수가 걱정했다. 그런데도 치료와 완쾌 가능성 인식은 80퍼센트 이상으로 나타나 공적 의료 체계를 신뢰했다.

마스크 쓰기가 불편하다고 느끼는 시민은 60~70퍼센트로, 불편함을 감수하면서도 마스크를 잘 써야 한다는 시민 의식이 확인됐다. 최근 백신 관련 불안감을 자극하는 뉴스가 쏟아지지만, 과반수가 백신을 신뢰하며 백신을 이미 맞았거나 맞으려 했다. 백신 불신은 언론 보도가 가장 많은 영향을 줬다고 대답해 자극적이고 왜곡된 보도가 지닌 문제점을 드러냈다.

정부와 지자체가 한 방역은 긍정적인 평가를 받았다. 감염병 의료 체계도 80퍼센트 이상 우수하다고 생각했고, 사회적 거리 두기의 필요성, 코로나19 관련 정보 제공 등에 관해서도 긍정적으로 인식했다. 특히 코로나19를 통해 국가의 중요성을 인식하게 됐다는 비율이 89퍼센트를 기록했다(제천 81.4%, 단양 78.7%).

코로나19 관련 경제 활동 조사에서는 경제적 불균형을 염려하는 분위기가 나타났다. 부천은 코로나19 때문에 경제적 불평등이 심화됐다는 인식이 85퍼센트를 기록해 단양 68.5퍼센트, 제천 72.6퍼센트에 견줘 높았다. 부천은 일자리 여건이 좋지 않다고 인식한 비율도 85퍼센트였다. 특히 소득이 낮은 집단에서 코로나19 휴직 비율이 높고 경제 여건 악화(소득 감소, 근로 시간 감소 등)를 염려하는 목소리가 포착된 만큼, 코로나19 대응에서 경제적 취약 계층을 대상으로 하는 적극적인 포용적 회복 정책이 중요하다는 점을 확인했다.

코로나19는 여가 활동도 변화시켰다. 다중 이용 시설이나 외부 실내 활동(목욕, 사우나, 친교 모임, 이성 교제, 문화 활동, 스포츠 관람 등)은 크게 감소한 반면 가정 내 활동(인터넷, SNS, 온라인 게임, 온라인 쇼핑, 텔레비전, 모바일 콘텐츠, VOD 등)은 증가했다. 코로나19에 따른 일상의 변화인 동시에 관련 업계의 흥망을 예측할 수 있는 자료였다. 코로나19 회복에 관련해서는 큰 타격을 입은 자영업자나 중소기업을 대상으로 다양한 데이터에 근거해 보상과 회생 지원을 해야 한다.

재난지원금은 대체로 긍정적으로 인식하고 있었으며, 65퍼센트가 넘는 부천 시민들은 추가 재난지원금에 관해 긍정적이었다. 지원 방식에 관련해서는 보편 지원과 선별 지원이 비슷했는데, 소득이 낮은 계층은 보편 지원보다 선별 지원을 선호하는 것으로 나타나 취약 계층일수록 더 많은 정부 지원이 필요하다고 인식했다.

공정과 불평등, 그리고 그 밖의 것들

코로나19를 뺀 조사에서도 특징적 결과가 나타났다. 공정성에 관련해 '절차적 공정성'이 많은 관심을 끌었으며, 성별이나 학력 등에 따른 임금 격차가 불공정하다고 느끼는 비율이 과반수를 넘었다. 소득 불평등을 해소할 재분배 정책을 강화해야 한다는 인식이 60퍼센트를 넘었으며, 부천은 복지 강화도 80.9퍼센트가 필요하다고 응답했다. 57퍼센트가 복지를 위해 세금을 더 낼 의향이 있다고 응답해 포용적 성장에 관한 인식도 높게 나타났다. 최근 가장 큰 정책 이슈인 기본 소득은 68퍼센트가 알고 있었으며 59퍼센트가 찬성한다고 밝혔다. 2022년 대통령 선거와 지방 선거에서 관련 논의가 더욱 진전될 듯하다.

공동체 관련 조사에서는 코로나19 이외에 경제 침체와 부동산 문제가 심각하다고 느끼고 있었으며, 그다음으로 환경 파괴와 기후 위기를 염려했다. 일상에서는 경제적 어려움에 부딪치지 않고 건강한 환경에서 살고 싶다는 인식이 표출된 듯하다.

지금 사는 곳이 살기 좋냐는 물음에서 부천은 평균 69.24점

(단양 70.14점, 제천 75.10점)을 받았고, 부천시장은 평균 58.71 점, 시의회는 54.71점을 기록해 보통 내지는 보통보다 낮았다 (100점 만점 기준). 지역 개발에 관련해서 상동영상단지는 54점, 대장동은 51점으로 보통 내지는 보통 이하의 긍정도를 기록해 정책적 관심은 크지 않았다(100점 만점 기준).

도시 마을의 미래를 이야기할 기초 자료

코로나19 속에서 진행한 조사라 어려움이 많았지만, 코로나19 에 관한 시민들의 다양한 생각, 코로나19가 우리 일상에 미친 영향, 우리가 바라는 공동체의 모습을 담아낸 점에 의의가 있었다. 또한 정부나 지자체가 아니라 시민단체가 주도한 첫 코로나19 관련 시민 인식 조사였다.

무엇보다 코로나19 속에서도 하루하루 살아가는 우리 삶을 돌아보고, 우리는 어떻게 살아갈지, 살아가고 싶은지, 우리가 바라는 부천의 미래는 어떤지 조사해서 우리 부천에 관해 함께 이야기할 기초 자료를 마련할 수 있어서 기쁘다. 나도 그 과정에 한 사람으로 참여해 감사하고 뿌듯하다. 우리는 코로나 19를 반드시 극복해 또 다른 일상을 맞이할 것이다. '2021 부천 도시지표조사'가 곧 다가올 '포스트 코로나19 시대' 우리의 모습과 공동체가 나아가야 할 방향을 함께 이야기할 수 있는 소재가 되고 정책 담론의 근거로 활용되기를 희망한다.

2021년 12월 21일

5부

살기 좋은 도시 마을
— 부천의 현재와 미래

서울에서 밀려 부천으로 온
민자 고속도로

김기현

'광명-서울 민자고속도로 동부천IC 사업'은 민간 사업자인 서서울고속도로(주)가 제출한 사업 제안이 2012년 8월 국토부에서 민간 투자 사업으로 결정되면서 시작됐다. 처음에는 양천구 신정3지구를 관통하는 노선이다가 주민들이 거세게 반발하자 부천으로 방향을 틀었다. 부천으로 빙 돌아 작동산을 파괴하는 계획이었다.

이명박 정부가 시작한 동부천IC

이런 사실이 알려지자 지역 주민뿐 아니라 김만수 부천시장, 국회의원, 시의회, 시민단체가 나서서 작동산 녹지 훼손, 부천시 동서 지역 분단, 까치울 정수장에 미칠 악영향 등을 이유로 들어 '동부천IC 지하화'를 한목소리로 요구했다. 김만수 시장이 반대 의사를 강하게 제기했고, 시의회도 반대 결의안을 여섯 번이나 채택했다. 지역 주민과 시민단체가 함께 연 대규모 캠페인에 부천 지역 유력 정치인이 대부분 참석해서 한목소리로 반대 의사를 표명했다.

지난 8년 동안 캠페인, 토론회, 협의가 숱하게 진행되지만 부천 지역이 제시한 요구는 단 하나도 제대로 반영되지 않았다. 촛불 정부를 표방한 문재인 정부 국토부는 2020년 12월 28일 실시 계획 승인을 고시했고, 부천시는 노력은 했지만 어쩔 수 없다며 방조했다.

경기도보건환경연구원이 발표한 〈2019년 경기도 대기질 평가보고서〉에 따르면 부천시의 연평균 초미세먼지(PM 2.5)는 $32\mu g/m^3$(대기 환경 기준 $15\mu g/m^3$)이고 미세먼지(PM 10)는 $55\mu g/m^3$(대기 환경 기준 $50\mu g/m^3$)으로, 경기도 32개 시군 중 가장 나쁘다. 광명-서울 민자 고속도로는 일일 통행량 10만 대로 예상되는데, 대기 오염, 미세먼지 악화, 작동산 훼손을 비롯해 부천 시민의 건강에 미칠 피해는 가늠하기 힘들다.

누구를 위한 고속도로인가

동부천인터체인지는 서울 시민들이 환경 피해를 이유로 들어 반발하는 바람에 부천으로 밀려왔지만, 이용자 대다수는 서울 시민으로 예상된다. 광명-서울 민자 고속도로는 통일 시대를 대비해 도라산까지 연결한다는데, 꽉 막힌 남북 관계를 적극적으로 개선해 남북 평화 공존과 한반도 통일로 나아갈 구체적인 계획은 부족한 상태에서 고속도로부터 뚫는다는 논리도 허술하기 짝이 없다. 수익만 생각하는 민자 사업자면 몰라도 국

동부천IC 설계도. 자연림 11만 8000제곱미터(약 3만 5000평)이 파괴된다.

가 정책에는 걸맞지 않다.

'민식이 법' 등 어린이 안전이 중요한 문제로 부각되는 상황에서, 초등학교 100여 미터 거리에 생기는 고속도로 인터체인지는 심각한 위험을 초래할 뿐 아니라 부천의 도시 이미지를 많이 떨어트뜨리는 일이다. 또한 가뜩이나 자연환경이 안 좋은 부천에서 작동산을 3만 5000평 정도 훼손해야 하고, 고속도로에서 겨우 280미터 떨어진 까치울 정수장을 모니터링해 해결책도 마련해야 한다. 만일 동부천인터체인지가 설계안대로 강행된다면 부천 시민들은 심각한 환경 피해와 안전 문제를 오롯이 떠안아야 한다.

'동부천IC 반대 대책위'는 동부천인터체인지를 원칙적으로 반대하지만, 국가 정책 때문에 진행될 수밖에 없다면 작동산 훼손 최소화, 어린이 안전 확보, 까치울 정수장 관련 대책, 미세먼지와 대기 오염 방지 대책을 철저히 세우라고 요구한다.

2014년 9월 발표된 〈광명-서울 민자고속도로 부천시 통과구간 검토 최종보고서〉에도 다음처럼 명시돼 있다. '동부천IC 구조물을 슬림화할 수 있는 방안으로 전방향 램프 설치가 아닌 교통량이 주로 이용하는 남측(광명) 방향의 진출입 IC만을 설치.'

부천시와 정치권은 국토부나 민자 사업자에 끌려가지 말고 부천 시민의 처지에서 시민 건강, 안전, 환경을 지킬 대책을 마련해야 한다.

2021년 1월 19일

개발은 멈추고
숲의 도시로

주성돈

도시 숲이 전세계에 확대되고 있다. 미국과 유럽, 일본 등 선진국을 중심으로 기후 변화에 효과적으로 대응하고 미세먼지를 비롯한 대기 오염 문제를 해결하는 과제가 중요하게 떠오른 뒤에 일어난 변화다. 지속 가능한 대응 수단의 하나로 공원, 녹지, 가로수 등 도시 숲이 강조되고 있다.

녹색 꿈을 이루는 도시?

산림청은 도시 숲을 '국민의 보건 휴양·정서 함양 및 체험 활동을 위해 조성·관리하는 산림 및 수목으로 공원, 학교 숲, 산림 공원, 가로수(숲) 등'이라고 정의한다. 도시 숲은 단순한 물리적 공간을 넘어 환경과 생태, 문화, 전통, 공동체를 포괄할 수 있기 때문에 시민들의 참여를 지향하는 개념으로 쓰이기도 한다. 도시화 문제를 해결하는 데 도시 숲이 지니는 중요성을 인식한 덕분이다.

부천시도 '녹색 꿈을 이루는 도시Green Fantasia Bucheon'를 시정 목표의 하나로 제시했지만, 환경 보전보다는 개발 지향 패러다임에 치우쳐 재개발과 신도시 건설에 몰두하고 있다. 하드웨어적 개발이 도시 발전과 정치인의 치적으로 인식되기 때문이다. 특히 문재인 정부의 수도권 3기 신도시 개발 정책에 편승해 부천시는 미래 세대를 위한 유휴 토지도 훼손하고 있다.

부천시는 훼손될 자연을 대신해 자투리 공간을 활용한 쌈지 공원 조성, 건물 옥상 녹화, 학교 숲 조성, 도로변 나무 심기 등을 통한 가로 환경 개선 등 생활권에 다양한 녹지 인프라를 제공해 시정 목표를 달성하려 한다. 도시에 원래 있는 자연은 없애고 자투리 공간을 활용해 도시 숲을 조성한다는 발상은 도시 경영의 기본도 모르는 무책임한 행위다. 훼손된 그린벨트를 대신해 도시 숲을 복원하고 개선하는 사업들은 효과를 제대로 낼 수 없기 때문이다.

'부천시 2020 공원녹지 기본계획'을 세울 때 확인된 2009년 기준 부천시 도시 녹지 현황은 산림(13.6%), 논(7.6%), 밭 경작지(7.8%) 등 37.2퍼센트이며, 녹지율 10퍼센트 미만 지역이 도시 면적의 49.6퍼센트를 차지했다. 특히 원도심과 공장 지대를 중심으로 녹지 면적이 좁고 생활권 공원 녹지가 빈약하다. 2013년 환경부가 발표한 불투수율 현황에서도 전국 지자체 중 부천시가 61.7퍼센트로 전국 1위를 기록했으며, 그 뒤 옥길 지구와 3기 신도시 개발 등 개발 사업이 추진되면서 녹지의 생태적이고 순환적인 기반이 더욱 나빠지고 있다.

죽은 나무도 그대로 놔두는 일본의 도시 숲

일본 도시들은 개발 때문에 숲을 훼손하지 않으려 노력한다. 지금 세대만 누릴 자연이 아닌 만큼 최대한 원래 모습 그대로 보존하는 방식을 취한다. 한국 도시 숲에서 흔히 접하는 아스팔트나 반짝이는 조명은 아예 찾아볼 수 없고, 죽은 나무도 웬만하면 쓰러진 자리에 그대로 둔다. 지하철역을 나오면 쉼터와 작은 공원, 가로수 숲길이 많다. 매캐한 미세먼지와 상가로 가득한 잿빛 도시 풍경만 보이는 부천역하고는 전혀 다르다.

부천시는 도시 경쟁력을 강화한다며 허용한 고층 건물과 도시 미관을 고려해 만든 화려한 시설물이 시민의 삶과 시 재정에 도움이 된다는 전근대적인 도시 경영 의식을 과감히 버려야 한다. 부천YMCA가 실시한 부천 도시지표조사 결과를 보면 개발은 22퍼센트인 데 견줘 보전은 67퍼센트를 기록해, 개발보다 보전에 대한 인식이 더 높다. 부천 시민들은 멋진 스카이라인보다는 가족들이 함께 즐겁게 웃으면서 산책하고 삶의 여유를 누리는 도시 숲을 더 원하고 있다.

부천 시민이 원하는 도시 숲

부천시는 미세먼지 차단 숲, 도시 바람길 숲, 생활 밀착형 숲 등 다양한 유형의 도시 숲을 집중 추진하고, 대규모 도시 개발 사업은 당장 중단해야 한다. 원도심 지역의 유휴 공간과 민간 토지를 사들여 작은 공원을 만들어 주변 녹지축에 연결하는 도시 숲 네트워크 벨트 조성을 중장기 계획으로 수립해야 한다. 이를테면 중앙공원을 중심축으로 주변 구도심지 쌈지 공원을 녹지 네트워크로 연결해 시민들이 쾌적하게 이동할 수 있는 가로수 숲길을 조성하는 식이다. 정말 '녹색 꿈을 이루는 도시'를 만들려면 시민들이 자발적으로 참여할 수 있는 제도부터 마련해야 한다.

2021년 1월 25일

광역 소각장 아수라 부천,
환경특별시 인천

최진우

부천시가 주민 동의도 없이 '자원 순환 현대화(광역화)' 사업을 추진하면서 부천은 그야말로 아수라장이 되고 있다. '오정동광역소각장 비상대책위원회'가 결성됐고, 현재 '쓰레기 소각장 광역화 반대를 위한 부천시민 10만 서명운동'이 진행되고 있다.

2025년 수도권 매립지가 폐쇄되면 '쓰레기 대란'이 벌어질 수밖에 없다. 부천시는 재정 부담을 이유로 들어 인천시 계양구와 서울시 강서구의 쓰레기까지 태울 수 있도록 부천자원순환센터의 처리 용량을 지금보다 세 배 수준으로 늘려 900톤으로 만드는 현대화 사업을 추진하고 있다. 부천시는 광역화를 추진하면 국고 보조금에 계양구와 강서구가 내는 부담금까지 더해 재정 부담이 줄어든다며 다른 방안은 없다고 주장한다.

광역 소각장과 실종된 민관 거버넌스
아무리 옳은 정책이고 피할 수 없는 상황이어도 '혐오 시설' 때문에 불안과 분노에 휩싸인 주민들을 설득하지 않고 일방적으로 사업을 추진하면 안 된다. 시의회도 배제한 채 비밀리에 진행하다가 '자원회수시설 현대화 사업' 협약식 전날에야 알려진 이 사업은 민주적 의견 수렴 절차를 전혀 거치지 않았다. 오정동 주민들은 이 사실에 가장 분노한다.

쓰레기 소각장 증설은 다이옥신 배출, 초미세먼지 발생, 발암 확률 증가 등 시민 건강에 직결된 환경 문제와 갈등을 수반하기 때문에 관련 대책을 면밀히 검토한 뒤 주민 동의에 기반해 민주적이고 합리적인 결정을 내려야 한다. 부천시는 뒤늦게 주민협의체를 구성하고 다양한 소통 창구를 마련하기로 했다. 이제는 오정동 주민뿐 아니라 부천 시민 전체가 참여하는 거버넌스를 구축해 문제를 해결해야 한다.

먼저 폐기물 발생지 처리 원칙을 살펴보자. 광역 소각장에 반대하는 지역 주민들이 일관되게 내세우는 주장이다. 흔히 님비 현상으로 치부되는 지역 이기주의가 아니라 다른 지역에서 나온 쓰레기를 가져와 태우는 과정에서 부천 시민들의 건강과 주거 환경이 희생될 수 없다는 논리다. 부천시의 대차대조표 셈법에 주민이 감당해야 하는 희생과 손실 비용도 포함되는지 묻고 싶다.

또한 광역 소각장은 계양구와 강서구에서 나오는 쓰레기를 처리하지만 음식물 처리 시설과 재활용 시설은 부천시만 쓴다고 한다. 반면 서울시 은평구, 서대문구, 마포구는 각각 재활용품, 음식물 쓰레기, 생활 폐기물 소각를 맡아 쓰레기 처리 광역화를 시도하고 있다. 부천시가 내린 결정은 매우 근시안적이고 가벼워 보인다.

2050년 탄소 중립? 늘어나는 쓰레기 처리 시설!

쓰레기 발생량 감소 정책이 실종된 현실도 눈여겨봐야 한다. 부천시는 생활 폐기물 발생량과 처리량이 계속 증가하고 있다. 2017년 중국이 쓰레기 수입을 금지하면서 외부로 반출하지 못한 쓰레기들이 자원순환센터로 유입돼 처리량이 갑자기 증가하기도 했다. 2025년에 수도권 매립지가 폐쇄되고 2029년에 신도시가 건설되면 2030년에는 매일 33만 명이 배출하는 쓰레기 182톤을 처리할 수 없게 되기 때문에 자원순환센터를 증설할 수밖에 없다고 부천시는 주장한다.

기후 위기가 다가오고 2050년 탄소 중립을 목표로 하는 사회에서, 쓰레기 발생량을 줄이지 않고 쓰레기 처리 시설을 확대하는 데만 골몰할 때인가? 부천시는 '자원순환 계획 및 현황'에서도 폐기물 발생량이 증가하는 추세를 염려하면서 발생량을 줄이기 위해 시민단체 등하고 연계한 지속적인 홍보 교육과 시민운동이 필요하다고 강조했다.

부천시는 발생량을 줄일 비상한 정책을 마련하려 노력하는가? 요즘 다른 도시들은 민관 거버넌스에 기반한 '기후위기 비상행동'을 결성해 여러 야심 찬 자원 순환 정책을 마련하고 시민 참여 프로그램을 적극 추진하는데, 부천시는 지속가능발전협의회도 운영하지 못하고 있다.

광역 소각장 갈등 부천, 친환경 자원 순환 도시 인천

계양구 쓰레기 소각량을 넘겨받은 부천시는 아수라장이 된 반면, 인천광역시는 2월 1일 '친환경 자원순환 청사 현판식'을 열고 '환경특별시 인천'을 구현하는 데 힘쓰고 있다. 지난해 박남춘 인천시장은 쓰레기 독립과 자립을 선언하면서 발생지 처리 원칙에 입각한 환경 정의를 바로 세워 친환경 자원 순환을 선도하겠다고 밝혔다. 또한 인천시 청사부터 플라스틱 등 일회용품 반입과 사용을 전면 금지하고, 음식물 쓰레기 배출과 자원 낭비를 차단해 5년 안에 쓰레기 배출량을 30퍼센트 줄이겠다고 말했다.

우리에게는 얄궂기도 하지만 인천시가 선도적으로 펼치는 환경 행정에 박수를 보내고 싶다. 지금이라도 부천시는 되돌아봐야 한다. 박남춘 인천시장이 현판식을 연 날 장덕천 부천시장이 연 시정 설명회를 알리는 보도 자료에 실린 사진에는 어김없이 일회용 플라스틱 물병과 종이컵이 놓여 있었다.

2021년 2월 2일

'쓰레기 문제'와
부천의 미래

김기현

지난 2월 16일 부천시의회 도시교통위원회 업무 보고에서 부천시는 2월 22일에 인천시 계양구와 서울시 강서구하고 함께 광역 소각장 기본 협약 온라인 체결식을 연다고 예고했다. 소각장 건설 예정지를 지역구로 둔 서영석 국회의원이 함께 끝까지 싸우겠다는 강경한 태도를 보이는 기이한 장면이 연출됐다. 부천시민연대회의도 성명서를 내어 광역 소각장 추진을 중단한 뒤 '쓰레기 문제 해결을 위한 민관 협의체'을 구성하라고 요구했다. 만약 일방통행으로 광역 소각장 기본 협약을 체결하면 부천 지역 시민단체들과 지역 주민들이 함께 연대 투쟁에 나선다는 경고도 했다. 집단적 반발에 부딪친 부천시는 협약식을 무기한 연기했다.

좌충우돌, 광역 소각장 협약식

문제는 따로 있다. 이런 사태가 두 번째라는 사실이다. 부천시는 2020년 11월 5일, 시의회에 부천시-인천시-강서구 광역 소각장 협약식을 11월 10일에 연다고 알렸다. 이 소식을 처음 접한 지역 주민들이 강하게 문제를 제기하고 정치권에서도 논란이 끊이지 않자 무기한 연기했는데, 이번에도 일방적인 협약식 예고와 무기한 연기를 반복했다.

부천시는 2030년에 처리 불가능한 쓰레기가 하루 182톤으로 예상되는 만큼 자원순환센터 증설은 불가피하며 재정 부담을 최소화하려면 광역화를 할 수밖에 없다고 주장한다. 주민들이 제기하는 문제는 하남시 유니온파크를 사례로 들면서 견학을 진행하고 있다.

지역 주민들은 주민자치회와 마을자치회를 중심으로 '오정동광역소각장 비상대책위원회'(비상대책위)를 구성해 강하게 저항하고 있다. 비상대책위는 매일 인천 쓰레기 300톤과 강서구 쓰레기 130톤을 들여올 수는 없다고 주장한다. 소각장 시설을 막무가내로 반대한다기보다는, 노후 소각장을 현대화해 체계적으로 운영하고, 폐기물 발생지 처리 원칙에 따라 쓰레기를 각자 처리해야 하며, 주민 동의 없이 추진된 소각장 광역화는 반드시 철회돼야 한다고 밝힌다.

기후 위기 시대, 쓰레기 문제

2025년 수도권 매립지가 폐쇄되는 만큼 대책을 마련해야 하고, 대장 신도시 건설과 시설 노후화 때문에 지금 운영 중인 자원순환센터를 증설해야 한다는 객관적 상황은 누구도 부인할 수 없다. 다만 이런 상황이 곧바로 광역 소각장 건설로 이어지는 것은 아니다.

2006년 지그마르 가브리엘 독일 환경부 장관은 에너지와 자원에 관한 정보가 금세기의 근본적인 기술이 될 것이라고 말했다. 기후 위기에 따른 한파, 폭염, 가뭄, 홍수 등 환경 재앙이 세계 곳곳에서 점차 심해지면서 기후 위기 대응은 시민사회 의제에서 국가 의제로 바뀌고 있다. 지금처럼 마구 쓰고 마구 버리는 방식은 이미 지구 생태 용량을 초과해 지속 가능하지 않다. 이런 문제를 인식한 선진국들은 '장기적이고 환경적으로 지속 가능한 자원 사용'을 중요한 국가적 의제로 설정해 '높은 자원 이용 경제에서 낮은 자원 이용 경제'로, 곧 '생태적 시장경제'로 옮겨가는 노력을 구체화하고 있다.

인류가 생존하려면 최소한 기업과 개인이 절약을 통해 물질 흐름을 개선하고, 앞으로 몇 십 년 동안 10분의 1로 자원 사용을 줄여(팩터 10) 경제 시스템을 탈물질화해야 하며, 이런 노력에 성공하는 국가가 미래 경제 체제를 선도적으로 이끌 것이라는 주장도 있다(프리드리히 슈미트-블레크, 《고갈되는 자원, 더 효율적으로 사용할 수 없는가》, 류재훈 옮김, 도서출판 길, 2018, 55쪽). 이런 주장은 이미 '지속 가능한 도시'를 위한 선진적인 도시 실험으로 이어지고 있다. 미국 오리건 주 포틀랜드는 쓰레기 흐름을 줄이기 위해 '지속적이고, 재활용할 수 있으며, 재사용할 수 있고, 쉽게 자연 분해되며, 에너지 친화적이고, 재활용된 물자로 만들어진, 독성 없는' 친환경 제품 또는 서비스를 최대한 경제성 높게 구입하도록 하는 지침을 운용하고 있으며, 샌프란시스코는 2010년에 재활용률 77퍼센트를 달성했다. 스페인 바스크 지역의 88개 지자체 중 60곳이 '폐기물 제로' 정책을 추진하며, 이미 재활용률 70퍼센트를 달성했다(월드워치연구소, 《도시는 지속가능할 수 있을까?》, 황의방·김종철·이종욱 옮김, 환경재단, 2017, 419~421쪽).

책임 있는 시민들, 미래 계획 함께 세우는 도시

쓰레기 문제는 누구도 자유롭지 않다. 또한 시민들이 적극 참여하고 협조하지 않으면 해결할 수 없다. 민관이 함께 모니터링하고 실천해야 한다.

부천시가 결정하는 정책은 시민들의 삶에 큰 영향을 미친다. 그렇다면 결론을 정해놓고 상황을 몰아가면 안 된다. 찬반 대립과 갈등을 넘어, 민관이 머리를 맞대고, 다양한 장점과 단점을 검증하고, 상호 존중과 숙의를 통한 합의를 지향해, 모두 이기는, 그래서 모두 도시의 주인으로 성장하는 미래 지향적 도시를, 이제는 만들어야 한다.

2021년 2월 22일

오염된 땅에 짓는
'친환경 스마트 주거 단지'

최진우

부천시 오정동은 광역 소각장 조성 논란으로 뜨거운 곳이다. 그동안 쓰레기 소각장이라는 '혐오 시설'이 운영되면서 환경 오염 때문에 고통받은 주민들은 광역 소각장을 세 배 수준으로 증설하는 계획을 절대 받아들일 수 없다며 분노한다. 그런 와중에 오정동에 또 하나의 환경 오염 문제가 제기되고 있다. 2025년까지 친환경 스마트 주거 단지를 조성하겠다는 오정동 군부대 지역이다.

토양과 지하수가 벤젠 등에 오염돼 2016년에 정화 작업이 시행됐지만, 부천시민연대회의와 인천녹색연합은 주거지, 공원, 학교 등이 들어서는 도시 개발 사업 기준에 맞지 않는다며 토양 오염 정밀 조사를 실시하고 정화 작업을 하라고 촉구한다.

오정동에 또다시 불거진 환경 문제
오정동 군부대는 1953년부터 미군 공병대와 수송 부대가 사

과거 미군 부대 캠프머서, 현재 오정동 군부대 전경(출처: 인천녹색연합).

용하다가 1993년에 국군이 인수받아 군부대가 자리하던 곳이
다. 도심 속 군부대 때문에 지역 개발이 정체되고 소음과 분진
이 심해 시민들도 불편을 겪었다. 부천시는 2013년 1700여 명
이 서명한 군부대 이전 건의서와 시장 명의의 편지를 국방부에
전달하는 등 군부대 이전을 계속 요구했다. 2015년에는 군관
공동 태스크 포스를 구성하고 부대 이전 협의를 시작해 2019
년 최종 합의 각서를 체결했다. 장덕천 부천시장은 2025년까지
군부대 이전 부지에 3700가구 규모의 친환경 스마트 주거 단
지를 조성해 시민 품으로 돌려주겠다고 밝혔다. 그런데 국방부
협의와 개발 계획 수립 과정에서 토양 오염 정화 문제를 제대
로 다루지 않은 듯하다.

여기 다르고 저기 다른 토양 오염 기준

토양환경보전법 시행 규칙에는 토양 오염 기준이 마련돼 있다. 3개 지역으로 구분된 토지 용도에 따라서 토양 오염 기준 농도에 차등을 둔다. 주민이 거주하거나 아이들이 주로 생활하는 곳은 오염 피해를 최소화하기 위해서 상대적으로 높은 기준치를 적용한다. 주거지, 학교, 공원 등은 1지역, 임야, 체육 용지, 유원지 등은 2지역, 군사 시설, 공장 용지, 주차장 등은 3지역으로 분류된다. 3지역에서 1지역으로 갈수록 토양 오염 대책 기준이 엄격하다.

부천시는 2016년 토양 정화가 완료된 사실을 공식적으로 알렸다. 2013년 토양 정밀 조사에 따라 토양 오염이 확인됐고, 3지역 기준으로 정화 작업을 진행했다. 인천녹색연합이 입수한 〈2013년 캠프머서 2차 토양오염 정밀조사보고서〉에 따르면, 벤젠이 3지역 기준치 $3mg/kg$의 2배에 이르는 $5.7mg/kg$까지 조사됐고, 석유계 총탄화수소[TPH]는 3지역 기준치 $2000mg/kg$의 5배에 이르는 1만 $9mg/kg$까지 확인됐다. 오염 면적은 5663제곱미터, 부피는 9569세제곱미터, 깊이는 9미터로 파악됐다. 지하수는 일반 세균이 수질 기준 $100CFU/ml$의 220배에 이르는 2만 $2000CFU/ml$까지 검출됐다. 2016년 토양 정화가 완료되더라도 3지역 기준일 뿐이었다. 해당 부지는 도시 개발 사업 용도에 해당하는 1지역으로 3지역에 견줘 토양 오염 적용과 정화 기준이 훨씬 높다. 1지역 기준을 보면 3지역에 견줘 벤젠은 3배, 석유계 총탄화수소는 4배나 높다.

부천시는 도시 개발을 염두에 두고 국방부를 상대로 협의하는 과정에서 3지역 수준의 오염 토양 정화 완료를 처리했다. 부대 이전 협의를 원활하게 하려고 환경 오염 처리를 소극적으로 대응한 것이 아닌지 의문이 든다. 해당 부지의 환경 오염 논란은 2011년으로 거슬러 올라간다. 1960년대 초반 캠프머서에 근무한 퇴역 주한 미군 스테판 스탈라드는 미군 화학물질저장소USACDK를 경북 왜관 캠프캐롤로 이전하면서 캠페머서 부대 안에 구덩이를 파고 고무 옷과 가스 마스크 등 상상할 수 있는 모든 종류의 화학 물질 수백 갤런을 묻었다고 증언했다.

2011년 민·관·학 공동 조사를 시행한 결과 토양 오염 기준을 초과한 시료가 없어 오염이 있다고 볼 만한 과학적 근거는 불충분했다. 그러나 전수 조사 요구를 무시하고 14개 지점만 확인한 결과였다. 토양 오염의 특성상 몇 개 지점만 조사하면 전체 오염 여부를 확인하는 데 한계가 있을 수밖에 없다. 낮은 수치이지만 모든 시료에서 다이옥신이 검출되기도 했다.

주민 피해를 막으려면 철저한 조사부터

오정동 군부대(과거 미군 캠프머서)에 가까운 인천시 부평구의 옛 미군 기지 캠프마켓에서 토양 오염을 정밀 조사한 결과 다이옥신이 기준치를 넘어 검출됐고, 지하수에서 구리, 납, 비소, 수은 등 중금속 오염이 확인됐다. 2019년부터 토양 정화 작업을 시행하면서 39개월 동안 사업비 615억 원이 투입됐다.

부천도 피할 수 없다. 도시 개발 사업을 하려면 토양 오염을 방치해서는 안 된다. 흐지부지 처리하고 미적대다가는 환경 오염만 심해지고, 그 피해는 고스란히 주민들에게 돌아간다.

'친환경 스마트 주거 단지'라는 장밋빛 전망을 실현하기 위해서라도 화학 물질 매립 여부를 다시 살피고 다이옥신 등 맹독성 물질도 꼼꼼히 조사해야 한다. 나아가 토양 오염 정밀 조사와 정화 작업을 시민들에게 어떻게 공유하며 합리적으로 추진할지 논의할 공론의 장도 마련해야 한다.

2021년 5월 4일

에너지 전환 도시
부천?

김기현

극단적 자연재해가 잦아지고 있다. 한국의 여름도 유독 더웠지만, 그리스와 터키, 이탈리아 등 남부 유럽에서 발생한 대규모 화재, 중국과 독일 등이 겪은 대홍수 등으로 기후 위기와 탄소 중립에 관심이 고조되고 있다.

2021년 8월 9일에 발표한 IPCC 실무 그룹 보고서를 보면 2021~2040년에 지구 기온 상승 폭이 산업화 이전(1850~1900년) 수준 대비 1.5도를 넘어설 가능성이 높다고 했다. 2018년 발표된 IPCC 특별 보고서에서 2030~2052년 중 지구 기온 상승 폭 1.5도를 예측했는데, 무려 10년이 앞당겨진 것이다.

2050 탄소 중립, 반드시 달성해야

위기는 대량 생산, 대량 소비, 대량 폐기를 당연시한 산업 문명에서 비롯됐다. 우리는 자연환경을 파괴하면서 마구 생산하고 마구 버리는 생활을 영위했다. 극단적 자연재해 때문에 기후 위기를 인식하게 됐고, 성장 제일주의와 환경 파괴에 기반한 산업 문명에 관해 비로소 많은 사람이 문제의식을 품게 됐다. 그럼, 이제, 무엇을 할 것인가?

정부도 '2050 탄소 중립'을 선언하고 얼마 전 '2050 탄소 중립 시나리오'를 발표했지만 시민사회는 너무 소극적이라고 비판했다. 반면 독일은 '2050 탄소 중립' 목표를 '2045 탄소 중립'으로 전환하기 위해 정부 차원에서 논의를 시작했다. 2045 탄소 중립을 목표로 할 때 2030년 목표를 55퍼센트 감축에서 65퍼센트 감축으로 올리고, 재생 에너지와 전기 자동차처럼 이미 상용화된 탈탄소 기술은 더 빨리 보급할 계획이다. 45.4퍼센트인 재생 에너지 비율을 더 확대한다는 말이다.

인류는 지금까지 전염병, 기근, 전쟁 등 엄청난 비극을 겪었지만, 그런 비극이 끝난 뒤에는 조금 더 나은 사회를 건설했다. '여섯 번째 대멸종'을 예고하는 기후 위기도 그럴까? 우리가 기후 위기 대응에 성공하면 미래 세대는 평균 온도 1.5도 상승이라는 조건에서도 지금보다는 훨씬 더 자연을 존중하고 생명을 존중하는 문명에서 살 것이다. 그렇지만 기후 위기 대응에 실패하면 우리는 현 세대의 삶이 미래 세대의 삶을 극단적 위기에 빠트리는 첫 세대가 될 것이다.

에너지 전환, 정부는?

한국은 에너지 다소비, 저효율 국가다. 2016년 일인당 전력 소비량이 OECD 전체 평균보다 1.3배 많다. 2007년부터 2016년까지 일인당 전력 소비량은 연평균 2.6퍼센트 증가했다. 전력 이용 효율도 낮다. GDP당 전력 소비량을 뜻하는 전력원 단위도 34개국 중 32위다. OECD 회원국의 재생 에너지 발전 비중은 27.1퍼센트인 반면 한국은 4.3퍼센트이고, 석탄 발전과 원자력 발전 비중이 높다.

이런 문제를 인식한 정부도 탄소 의존 경제에서 저탄소 경제로 전환한다고 선언했다. 2019년 '3차 에너지 기본 계획'에서 2030년까지 재생 에너지 발전량 비중을 20퍼센트까지 늘리고, 누적 설비 용량을 64기가와트까지 보급하고, 신규 설비 용량의 95퍼센트 이상을 태양광과 풍력 등 청정 에너지로 채운다는 계획을 밝혔다.

에너지 전환, 부천은?

'부천시 에너지자립 실행계획'을 보면 2018년 기준 부천시 전력 자립도는 23퍼센트, 신재생 에너지는 0.8퍼센트다. 따라서 '경기도 에너지비전 2030'에서 제시한 목표(전력 자립도 70퍼센트, 신재생 에너지 공급 20퍼센트)에 맞추려면 전력 자립도를 2018년 23퍼센트에서 2030년까지 40퍼센트로 높이고, 신재생 발전 설비를 2018년 6메가와트에서 2030년까지 88메가와트로 늘리고, 신재생 에너지 공급 비중을 2018년 0.8퍼센트에서 2030년 20퍼센트로 증가시켜야 한다고 강조한다.

또한 부천을 둘러싼 여건을 고려해 신재생 에너지 중 특히 태양광 확대를 중시하고 있다. 문제는 부천시가 기후 위기에 대응하기에는 소극적이라고 평가받은 '부천시 에너지자립 실행계획'을 실행하려는 노력이 매우 부족하다는 점이다.

에너지 전환, 시민은?

기후 위기 대응에서 에너지 전환은 핵심적인 자리를 차지한다. 기후 위기에 대응하려는 시민들은 당연히 정부와 기업에 변화를 요구하고 문제 제기를 해야 한다. 그렇지만 동시에 시민들은 학습하고 실천하는 문제 해결의 주체도 돼야 한다.

부천시민햇빛발전협동조합은 2014년 햇빛발전 1호기(40 kW)를 부천시 자원순환센터 옥상에 세워 연간 약 6만 킬로와트를 생산하고 있다. 그 뒤 햇빛 발전을 더 세우자는 제안을 여러 차례 하지만 부천시가 소극적인 태도를 보이면서 부지를 구하지 못하다가 햇빛발전 2호기(100kW)를 경기아트센터 옥상에, 햇빛발전 3호기(100kW)를 의정부 호원실내테니스장 옥상에 세울 계획이다.

햇빛발전 100킬로와트 건립에는 1억 5000만 원 정도가 들어가기 때문에 9월 말까지 신규 조합원 모집과 기존 조합원 증좌로 최소 1억 원을 모아야 한다. 햇빛발전 2호기는 '경기도 에너지자립 선도사업'에 선정돼 경기도에서 건립비의 30퍼센트인 4500만 원을 지원받았고, 햇빛발전 3호기는 '경기도 공공용지 지원사업'으로 선정돼 계통 연결비를 지원받을 예정이다. 연간 전기 200킬로와트를 생산하고 이산화탄소 108톤을 줄이는 햇빛발전 2호기와 3호기를 부천에 세워 부천의 전력 자립도와 재생 에너지 비율을 높이고 탄소 중립에 기여해야 하는데, 안타까운 일이다.

다가오는 위기의 시간

기후 위기는 할 수 있는 모든 노력과 실천을 하라고 우리에게 요구하고 있다. 2022년 3월 9일 대통령 선거, 6월 1일 지방 선거가 더욱 중요하다. 부천YMCA는 '기후위기 부천비상행동'에 참여한 33개 단체하고 함께 기후 위기에 대응하기 위한 부천의 사회 전환을 위해 직접 행동, 시민 실천, 캠페인을 펼칠 뿐 아니라 부천시장 후보들에게 에너지 전환, 자원 순환, 교통 등 기후 위기 대응을 위한 적극적인 공약을 세우라고 요구할 것이다.

2021년 8월 16일

'탄소 중립 부천시'라는 미래

김기현

정부에서 2050년 탄소 중립, 2030년 온실가스 40퍼센트 감축(2018년 총배출량 대비)을 발표한 뒤 산업계는 경제에 부담이 되고 산업이 위축된다면서, 시민사회와 청년 활동가들은 목표가 소극적인데다가 산업이 아니라 농업에 지나친 부담을 준다면서 반발하고 있다.

기후 위기 대응과 2050 탄소 중립은 한국 경제와 사회 구조의 거대한 전환을 요구하며, 그 과정에서 이해관계도 많이 충돌할 것이다. 국제적이고 국가적인 변화 속에서 부천의 현주소는 어떻고 과제는 무엇일까? 부천YMCA는 2021년 10월 25일 '#2050탄소중립, 부천시 에너지전환 어떻게 할 것인가?'라는 주제로 온라인 토론회를 열었다.

에너지 전환, 수직적 전환의 길

먼저 '에너지전환 국가 정책 방향'이라는 주제로 발표한 한상

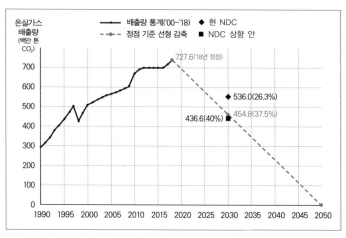

온실가스
배출량
(백만 톤
CO₂)

배출량 통계('00~'18)   ◆ 현 NDC
정점 기준 선형 감축   ■ NDC 상향 안

727.6('18년 정점)

◆ 536.0(26.3%)
454.8(37.5%)
436.6(40%) ■

2030 온실가스 감축 목표와 2050 탄소 중립 로드맵

민 로컬에너지랩 이사는 국가 차원의 제도와 정책이 변하고 있는 과정을 생생하게 전달했다. 2030 국가 온실가스 감축 목표(40%, 2018년 대비)를 거쳐 2050 탄소 중립으로 가는 길은 수직적 감축 과정이다. 에너지 전환은 에너지원 교체(화석 연료에서 재생 에너지로)만이 아니라 에너지 이용 변화(에너지 효율과 절약), 에너지 생산과 소비 공간 변화(대규모 중앙 집중적 시스템에서 소규모 분산 시스템으로), 에너지 민주화(몇몇 대기업 위주에서 주역 주민이 통제하는 에너지 시스템으로), 에너지 시티즌십 변화(수동적 소비자에서 생산하는 에너지 시민으로)를 포괄하는 전반적 혁신이 일어나야 한다.

2050 탄소 중립을 발표하기 전에도 '제9차 전력수급 기본계획'(2020년 12월 28일)에 2034년까지 수요 관리와 발전 믹스

계획이 포함된 사실과 '제5차 신·재생에너지 기본계획'(2020년 12월 29일)에 2034년 신재생 에너지 발전 비중을 25.8퍼센트로 한다고 밝힌 사실을 확인했다. 2030 국가 온실가스 감축 목표 (40%)에 따르면 2030년까지 신재생 에너지는 30.2퍼센트로 늘어나야 한다. '경기도 지역에너지 기본계획'(2020년 5월 12일)도 에너지 다소비 사회에서 에너지를 적게 쓰는 고효율 사회로 나아가는 전환, 에너지 프로슈머가 중심이 되는 재생 에너지 생산, 에너지와 경제, 환경이 선순환하는 에너지 산업 생태계 조성 등을 목표로 한다.

한상민 이사는 탄소 국경세 등 글로벌 탄소 무역 장벽이 현실이 되는 상황에서 고효율 고성능 태양광 패널과 전고체 배터리 등 신기술을 확보하는 동시에 미세먼지 등 환경 오염 문제를 해결할 뿐 아니라 에너지원 분산에 따른 국가 균형 발전 효과까지 생각할 때 에너지 전환은 오히려 적극 추진해야 하는 과제라면서, 어차피 가야 할 길이라면 전환을 선도하는 것이 미래 성장 동력을 확보하는 길이라고 강조했다.

태양광 시설, 민원과 갈등의 소재에서 지역 상생으로

김나건 여주시 에너지자립팀 팀장은 직접 경험한 에너지 전환 지역 사례를 발표했다. 2017년 12월 정부가 재생 에너지 확대 정책을 발표한 뒤 외지 사업자들이 만든 태양광 시설이 농촌 마을 중심으로 급증하고 주민 민원이 끊이지 않자 여주시는 '여주형 태양광 복지마을 모델 구축'을 계획한다. 재생 에너지 인식 개선을 위해 2019년 5월부터 12회에 걸쳐 교육과 홍보 활동을 진행하면서, 마을 공동체가 소유하고 운영하는 마을 태양광 사업, 시민이 출자해 에너지협동조합 형태로 운영하는 시민 태양광 사업, 농업인이 전답과 축사 등을 활용해 운영하는 태양광 농부 사업을 시작한다. 2019년 7월부터 12월까지 10개소 태양광 452.54킬로와트, 에너지 저장 장치^{ESS} 890.5킬로와트를 설치했는데, 도비 4억 2600만 원, 시비 13억 4200만 원, 민간 출자 2억 5500만 원을 들였다. 2020년에는 경기도 사업 7개소 532.72킬로와트, 여주시 태양광 자립마을 사업 6개소 356.36킬로와트, 2021년에는 경기도 사업 149.24킬로와트, 여주시 태양광 자립마을 사업 4개소 302.28킬로와트를 설치하면서 여주시는 주민 참여형 태양광 사업 전국 최다 지역으로 선정됐다.

김나건 팀장은 이런 말로 발표를 마무리했다. "공무원으로서 법적인 근거도 없었고, 수익률 예측이나 혹시 손해가 나면 발생될 문제에 대한 고민 등 선례가 없던 사업이라 두려움이 있었지만, 국가적으로나 지역 사회에 꼭 필요한 일이고, 해야 하는 방향이라 진행했습니다."

고난영 부천시 에너지팀 팀장이 맡은 주제는 '에너지전환 부천시 계획'이었다. 파리 협약에 따라 신기후 체제가 출범하고 분산형 에너지의 필요성이 높아지면서 재생 에너지 주민 수용성을 높여야 하지만, 부천은 제곱킬로미터당 2만 석유환산톤^{toe}으로 경기도 최대 에너지 다소비 도시이며 전력 자립도도 20.56퍼센트에 그친다. 따라서 에너지 자립을 위해 부천은 신재생 에너지 생산 기반 확보, 시민 주도형 발전 사업 확산, 사물 인터넷 기반 에너지 효율 개선, 수송 에너지 효율화, 도심 에너지 자립 역량 제고, 에너지 취약 계층 지원 강화 등을 추진해야 한다고 분석했다.

탄소 중립 부천시를 위한 민관 거버넌스

토론도 이어졌다. 박명혜 부천시의원은 주요 국책 사업과 지방 정부 연계 사업, 탄소 중립 부천시를 위한 민관 거버넌스가 필요하다고 강조했다. 신도시 건설, 산업단지, 문화 재생, 소각장 등 부천시 현안 사업도 시민에게 투명하게 공개하고, 탄소 저배출 자재 사용, 태양광 등 재생 에너지 활용, 온실가스 감축 인지 예산제 등 각 부처별로 할 수 있는 사업을 모아 정책으로 실천해야 한다고 주장했다. 또한 청년 일자리나 사회적 일자리 등에 연계해 기후 위기 대응과 에너지 전환을 위한 인력을 육성해야 한다고 제안했다.

윤진이 부천YMCA 에너지전환 시민모니터링단 회원은 에너지 전환 교육과 가정 에너지 절약 활동에 참여하는 과정에서 조금은 귀찮지만 함께하며 느낀 의미와 효과를 이야기했다. 광명시기후에너지센터와 넷제로에너지카페에 들러 행정과 시민이 협력하고 참여하는 모습을 보고 신선한 충격을 받은 반면 부천에서는 아파트에 미니 태양광을 설치하려다 어려움을 겪은 경험을 들려주면서, 부천시가 좀더 적극적으로 시민들하고 소통하면서 에너지 전환을 위해 노력해야 한다고 강조했다.

'에너지 다소비 도시 부천'에서 '탄소 중립 부천시'로

'부천시 에너지자립 실행계획'(2018년)은 2018년 0.8퍼센트인 신재생 에너지를 2030년에 20퍼센트로 높여야 한다며 주로 태양광 발전 잠재량에 주목했다. 그러나 2021년 현재 성적표는 초라하다. 정부 공공데이터포털(www.data.go.kr)에 등록된 '경기도 태양광 발전소 현황'(2021년 7월)에 따르면 경기도 31개 시군 중 부천은 꼴찌에서 둘째다. 1위 여주시 32만 9585.08킬로와트, 2위 연천군 19만 260.78킬로와트 등 상위는 농촌 지역들이 차지하지만, 도시 지역을 봐도 평택 5만 7430.52킬로와트, 안산 2만 1371.50킬로와트, 고양 1만 8219.74킬로와트다. 부천은 1558.72킬로와트다.

기후 위기에 대응하려면 경제 구조와 사회 구조를 전환해야 한다. 그리고 그 전환은 대량 생산을 해 마구 쓰고 마구 버리는 사회에서 스스로 생산하고, 순환하고, 재생하는 사회로 나아가는 변화를 의미한다. 변화의 흐름을 선도할 것인가? 시대에 뒤처져 헉헉거리기만 할 것인가? 우리는 이 질문에 답해야 한다.

2021년 11월 16일

전환기 시대와
YMCA

김기현

코로나19, 기후 위기, 생태 위기, 양극화, 인공지능……. 한 치 앞을 알 수 없는 미래가 펼쳐지고 있다. 산업혁명 이후 인류가 과학, 기술, 발전에 관련해 품은 낙관적 전망이 코로나19와 기후 위기 앞에서 여지없이 무너졌다.

뿌연 안개처럼 다가오는 미래

한국 사회도 사회 전환(탄소 중립)을 본격적으로 논의하기 시작했지만, 사회 전환(탄소 중립)과 산업 재편, 시민 생활의 변화라는 큰 패러다임에 관한 사회적 합의가 이미 형성된 유럽 국가들에 견줘 진보와 보수, 산업, 노동, 농민, 전문가, 시민단체 사이의 불신과 견해 차이 때문에 각자 자기 목소리만 쏟아낼 뿐 '우리 공동의 미래'를 정하지 못하고 있다. 우리는 무엇을 하고, YMCA는 무엇을 할 것인가?

전환기 시대에 태동한 YMCA

산업혁명은 눈이 휘둥그레질 정도의 기술 발달과 새로운 시장 개척 같은 발전과 모험의 시대를 열었다. 그렇지만 이면에는 농촌 공동체 붕괴와 극단적 양극화가 놓여 있었다. 산업혁명은 새롭게 창출된 거대한 부를 소수가 독점하고 평민들은 기아에 허덕이는 야만의 시대이기도 했다.

그런 상황에서 18세기 말 프랑스 혁명이 일어나 자유, 평등, 박애의 정신이 널리 퍼졌다. 19세기 중반에는 런던YMCA(1844년)와 로치데일 공정 선구자 협동조합(1844년)이 만들어지고, 《공산당 선언》(1848년)이 발표됐다. 정신과 목표는 서로 다르지만 지금까지 인류사에 큰 영향을 미치고 있는 흐름들이다. 이 중 YMCA는 기독성에 기초한 인본주의人本主義*를 기본으로 한 운동이었다.

역사를 돌아보면 전쟁의 절망, 빈곤의 아픔, 양극화의 갈등, 질병에 따른 혼란 속에서도 희망을 꿈꾸고, 새로운 사회의 틈새를 열어가며, 평범한 사람들이 이상을 위해 헌신하고 연대하는 아름다움에 경이로움과 경건함을 느낀다. 김누리 교수는 "역사는 그저 승자의 발자취가 아니라 '잘 진 싸움의 궤적'이며, 이 세상이 완전한 지옥이 되지 않은 것은 지는 싸움인 줄 알면서

---

* YMCA의 인본주의(Humanism)적 성격은 역사적으로 '다른 종교 간의 대화를 중시'하고, '다른 민족의 문화적 정체성을 인정'하는 것으로 구체화됐다. 지금은 '신념과 이념이 다른 사람들 간에 대화와 파트너십을 증진'하고 '분쟁이 있는 곳에서 중재자와 화해자의 역할을 추구'하며, 모든 이들이 자기 결정력(self-determination)을 갖기 위해 의미 있는 참여와 진보(advancement)를 할 수 있도록 일한다'(《세계YMCA의 도전 21(Challenge 21)》)는 말로 표현되고 있다.

도 그 싸움을 포기하지 않은 사람들이 넘어지고 부서지면서도 끝내 지켜온 희망 때문"이라고 말한다(〈김누리 교수 "풍요의 덫에 걸린 우리, 갈망 아닌 해방 꿈꿔야 해요"〉,《한겨레》 2022년 1월 1일).

새로운 전환기, 부천YMCA 40주년

산업혁명이 초래한 급격한 변화를 뛰어넘는 거대한 파고가 다가오고 있다. 코로나19, 기후 위기, 생태 위기는 지금 우리가 발딛고 선 개발 위주, 과소비, 무한 경쟁의 경제 체계와 사회 체계로 극복할 수 없다. '2050 탄소 중립, 2030 탄소 감축 40퍼센트'라는 목표는 자연 수탈에서 자연 존중으로, 경쟁에서 협력으로, 양극화에서 공생으로 전환해야만 가능하다.

2022년에는 대통령 선거(3월 9일)와 지방 선거(6월 1일)가 연이어 치른다. 한국 사회의 다음 4년을 기획하는 한 해다. 거대 양당 정치라는 나쁜 조건에서도 새로운 전환을 위한 시민들의 목소리를 모아 선거 과정에 반영해야 한다. 여러 한계가 있지만, 선거란 정치인들이 시민의 목소리를 경청하고 시민이 자기 목소리를 정치에 반영하는 시간이다.

1982년 4월 17일에 창립한 부천YMCA는 올해 창립 40주년을 맞이한다. 전환기 시대의 거대한 변화 앞에서 부천YMCA는 '공동체의 관계망을 튼튼히 하고, 생명의 어머니인 지구를 살리는 일에 앞장서겠습니다'(〈부천YMCA 비전〉, 2012년 3월 28일 부천YMCA 30주년 기념식에서 선포)라는 고백을 계획으로 구체화하고, 행동으로 전환해야 한다.

'지구적으로 생각하고 지역적으로 행동한다Think globally Act locally'는 구호가 지금처럼 가슴에 와 닿은 적이 없었다. 지구적 문제와 개인의 삶을 연결하는 상상력, 사회 전환과 생활 전환에 관련된 작은 실험, 지역에서 구체화되는 변화, 냉철한 머리와 따뜻한 가슴, 학습과 행동의 일치, 급격한 사회 변화 속에 부천YMCA도 처음으로 돌아가 새로운 10년을 맞이해야 한다.

지금부터 10년 뒤, 부천YMCA 50주년을 맞이하며 우리는 2022년을 어떻게 기억할까? 코로나19와 기후 위기 앞에서 무력하게 무너진 우리를 한탄할까? 코로나19와 기후 위기를 나눔과 연대의 힘으로 극복하고 '우리 공동의 미래'를 창출한 우리를 자부심을 갖고 돌아볼까?

현재이자 역사로 변하는 시간 앞에서 우리는 새로운 한발을 내딛는다. 나눔과 연대의 손길을 마주 잡자.

2022년 1월 4일

나답게 살고, 더불어 살기
─ 부천YMCA 교육운동

김기현

함께 명상하는 글

어린이를 위한 기도

항상 저희를 인내로 지켜봐 주시는 주님

당신의 신성한 축복은 생명의 씨앗이며,

저희 깊은 곳에 조용히 뿌려져 싹틔울 희망의 낟알입니다.

그러나 아직 저희는 이를 깨닫지 못했습니다.

이 씨앗들은 너무 작아 잘 보이지 않기 때문입니다.

그러나 주님은 당신의 힘이 겨자씨와 같다고 말씀하십니다.

모든 씨앗들 중에서 가장 작지만, 밭에 뿌려지면 가장 큰 관목으로

자라나는 겨자씨.

당신의 신성한 선물의 잠재력이 저희 가운데서도 가장 작고 신비한

어린이들에게 감추어져 있음을 저희가 볼 수 있게 하소서.

만일 어린이들을 지나친 지식 교육이나 경쟁에만 몰아넣는다면

이는 당신이 주신 세상을 위한 많은 축복과 재능을 던져버리는 것입
니다.

저희가 하느님과 같이 바라보고, 사랑하고, 감사하도록 가르치시어
작은 씨앗이 큰 관목으로 클 수 있게 하소서.

저희가 어린이들을 사랑으로 보살피며, 보호할 수 있도록 가르치소서.

아멘.

'어린이가 먼저입니다.'

— 〈세계YMCA, YWCA 기도주간〉 2007(부분 수정).

칼릴 지브란의 《예언자》에서

아기를 가슴에 품은 한 여성이 말했다.

"아이들에 대해 말씀해주세요."

그러자 그는 말했다.

당신들의 아이는 당신들의 아이가 아닙니다.

그들은 그 자체를 갈망하는 '삶'의 아들과 딸들입니다.

그들은 당신들을 거쳐서 왔지만 당신으로부터 온 것이 아닙니다.

아이들은 당신과 함께 있지만 당신에 속한 것이 아닙니다.

당신들은 아이들에게 사랑을 줄 수 있습니다. 그러나 당신의 생각을
줄 수는 없습니다.

그들도 자기만의 생각을 갖고 있기 때문입니다.

당신들은 아이들의 몸을 집에 둘 수는 있지만, 그들의 영혼을 가둘
수는 없습니다.

그들의 영혼은 내일의 집에 살며, 그곳은 당신들이 꿈에서도 가볼 수

없는 곳이니까요.

당신들이 그들처럼 되고자 애쓸 수는 있지만, 그들이 당신처럼 되기를 바라지는 마세요.

삶은 뒷걸음질치지 않으며, 어제와 함께 꾸물대지 않습니다.

당신은 활입니다. 활에서 당겨진 화살처럼 당신의 자녀는 앞을 향하게 돼 있습니다.

궁수는 무한한 길 위에 놓인 과녁을 보고 화살이 빠르고 멀리 날아갈 수 있도록 온 힘을 다해 당신들을 구부렸습니다.

궁수의 손에서 당신들이 구부림을 당하는 것을 기뻐하세요.

그는 날아가는 화살을 사랑하시는 만큼 그 자리를 지킨 활도 사랑하십니다.

위대한 교육자 — 페스탈로치와 코르차크

위대한 교육자가 많지만 부천YMCA 교육운동을 돌아보면서 요한 하인리히 페스탈로치와 야누시 코르차크를 살펴보자.

1746년 스위스에서 태어난 페스탈로치는 교육의 목적을 '머리와 마음과 손'의 조화로운 발달에 두고 노동을 통한 교육과 실물實物과 직관의 교육을 스스로 실천했다. 페스탈로치는 거룩한 일을 '자기를 낮추고 남을 높여 봉사하는 일'이라고 하면서 이렇게 말한다.

아이들이 가르침을 받는 최초의 시기는 그들이 태어난 순간부터다.
아이들의 감각이 자연의 인상을 받아들이는 순간, 바로 이 순간부터 자연이 아이들을 교육한다. 생명의 새로움이란 이런 인상을 받아들이는 능력의 성숙함 외에 그 어떤 것도 아니다. 그것은 모든 힘과 모든 충동을 다 동원해 자기 형성을 갈구하는, 완성된 생리적 맹아의 각성 바로 그것이다. 인간이기를 바라고 인간이 되거나 하는, 이제 완성된 동물이라는 인간의 깨어남 바로 그것이다. …… "아이들의 힘은 인위적인 지식이라곤 찾아볼 수 없는 곳에서, 내가 가능할 것으로 여겼던 것보다 훨씬 더 컸다네. 그런데 인간들이 영향을 미치고 있는 경우, 무엇이라고 형언할 수 없는 무력감을 발견할 수 있었다네. …… 인류의 오류와 광기가 아이들의 가슴속에 깊이 잠재하고 있는 자연을 질식시키기까지는 긴 시간이, 아니 엄청나게 오랜 세월이 걸린다네."

— J. H. 페스탈로찌, 《페스탈로찌의 실천》, 김정환·이재준 옮김, 젊은날, 1991

페스탈로치 전기를 쓴 하인리히 모르프는 '페스탈로치의 교육 원리'를 이렇게 정리한다.

1) 교육의 기초는 직관이다.
2) 언어 교육도 이 직관에 이어져야 한다.
3) 기초 교육의 시기는 판단이나 비판을 할 시기가 아니다.
4) 모든 경우에 있어 교육은 가장 단순한 요소에서 출발해야 하며, 또 어린이의 발달 단계에 맞춰 진행돼야 한다.
5) 모든 점에서 교사는 학생들이 해당 학습 자료를 완전히 익힐 때까지 충분한 시간을 들여야 한다.

254

6) 수업은 어린이 개개인의 발달 단계에 맞는 방법을 따라야지 교사, 선배, 친구의 방법을 따라서는 안 된다.

7) 교사가 가장 신성시하고 존중해야 할 것은 학생의 개성이다.

8) 기초 교육의 주요 목표는 지식이나 기능을 습득시키는 데 있지 않고, 정신적 능력을 고루 발전시키고 북돋워주는 데 있다.

9) 앎에는 삶이, 지식에는 기능이 따라야 한다.

10) 교사와 학생의 접촉, 특히 학교에서 하는 훈육은 사랑에서 출발해야 하고 사랑으로 행해져야 한다.

11) 수업의 목적은 교육의 목적에 따라야 한다.

이런 교육 원리로 표현되는 페스탈로치의 통찰은 지금도 의미가 있다. '200여 년 동안 살아서 움직이는 교육 원리'는 페스탈로치가 교육 현장에 굳건히 서서 한없는 애정과 세심한 눈으로 어린이들의 삶을 바라보고 함께한 덕분에 가능했다.

다음으로 폴란드에서 태어난 의사, 아동문학가, 교육자 야누시 코르차크가 쓴 글을 보자.

또 한 아기가 태어났습니다.

아주 작은, 한 점 먼지에 지나지 않는, 아무것도 아닌 존재가, 이것은 너무나 약해서, 수천 배율로 확대해야 보일 만큼 작은 병균 때문에도 죽을 수 있어요.

그러나 이 작은 존재는 대양의 파도, 바람, 번개, 태양, 은하수와 피를 나눈 형제랍니다.

이 한 점의 먼지는 옥수수 다발, 풀잎, 떡갈나무, 아기 새, 아기 사자, 망아지, 강아지와 형제입니다.

그곳에는 이미 모든 것이 갖추어졌습니다.

아기는 느끼고, 탐구하고, 고통받고, 기대하며, 기쁨, 사랑, 신뢰, 믿음, 미움, 확신, 불신을 느낍니다. 어떻게 받아들이고 어떻게 거부하는지를 압니다.

이 한 점의 먼지는 별과 바다, 산과 절벽, 그 모든 것을 다 이해하고 받아들입니다.

그 정신의 정수는 다름 아닌 끝이 없는 우주입니다. 인간은 이렇게 역설적인 존재입니다. 한 점의 먼지에서 태어났지만, 그 안에는 신이 들어와 계시니까요.

— 야누시 코르차크, 《야누시 코르차크의 아이들》, 샌드러 조지프 엮음, 홍한별 옮김, 양철북, 2020

코르차크는 2차 대전이 한창인 1942년 저명인사 특별 대우를 거부하고 자기가 운영한 '고아의 집' 어린이 200여 명하고 함께 아우슈비츠로 향했다. 어린이 사랑을 상징하는 그 장면은 많은 이들의 마음을 움직였다. 토멕 보가츠키가 쓴 코르차크 전기의 원제는 '어린의 영웅The Champion of Children'이다. 아이들을 위해 모든 것을 바친 코르차크의 힘은 어디에서 나온 걸까?

페스탈로치와 코르차크라는 위대한 두 교육자에게 공통된 것은 아이들 자체를 향한 사랑과 믿음이다. '아이들은 그 자체로 온전하고, 신성하며, 자기만의 개성과 가능성을 지닌 독특한 존재'라는 굳건한 믿음이 두 사람의 교육론을 떠받치고 있다. 교사와 부모는 '이러면 좋고 저러면 나쁘고' 식으로 인위적으로 개입하는 존재가 아니라, 어린이가 자기만의 개성과 신성神性을 온전히 꽃피울 수 있도록 사랑과 믿음을 주고 지지하는 존재라는 말이다. 페스탈로치가 믿음과 기다림으로 교육하는데도 어린이들은 언어와 수, 도형에서 놀라운 능력을 보였다. 이런 성과가 교육계를 놀라게 하면서 페스탈로치 교육론과 교육 방법이 전세계에 확산됐다.

온전한 사랑과 믿음, 기다림으로 이런 변화가 어떻게 가능할까? 여기에 교육의 비밀이 있다. 페스탈로치는 언어와 수, 도형은 단지 기능이나 기술이 아니라 신의 섭리가 들어 있는 내밀한 원리, 세상의 이치라고 말한다. 신의 목소리와 섭리가 언어와 수, 도형에 담겨 있고, 신은 우리 인간에게 거기에 접근하고, 인식하고, 해석하고, 재창조할 수 있는 힘을 주셨다. 그래서 언어와 수, 도형을 배우고 익히는 과정은 단순한 지식 습득이 아니라 세상의 원리와 이치를 설레면서, 천천히, 몰입해, 알아가는 과정이고, 이 배움의 길을 통해 우리는 이런 원리와 이치를 (신처럼) 재창조하면서 살아간다.

페스탈로치와 코르차크를 보면 시간이 흐르고 환경이 바뀌더라도 교육의 본질은 쉽사리 변하지 않는다는 것을 알 수 있다. 과학이 발달하고 스마트폰과 소셜 미디어가 발달해도 사람살이의 본질은 쉽게 변하지 않고, 사람살이의 본질에 맞닿아 있는 교육 또한 원리와 원칙이 유행처럼 바뀌는 것은 아니다.

YMCA의 상징인 역삼각형.

부천YMCA 교육운동

YMCA가 벌이는 교육과 활동의 목표는 '영Spirit · 지Mind · 체Body
의 전인적 성장'이다. YMCA 상징인 역삼각형은 이런 목표를
표방하고 있다. 부천YMCA는 1982년 4월 17일 창립했고, 그해
5월에 고교Y 클럽, 7월에 어린이 여름캠프를 시작으로 어린이
와 청소년 관련 교육과 활동을 시작했다. 1985년 3월에는 대안
유아 교육 기관인 아기스포츠단을 시작했다. 부천YMCA 40년
역사는 교육운동의 역사인 것이다.

어린이 교육에 관한 오해

우리 사회는 교육 전반에 관한 잘못된 인식이 팽배하다. 지나
치게 경쟁적이고 왜곡된 교육 환경 아래 많은 학부모가 교육
을 경쟁에서 살아남는 수단, 인지적 활동이나 기능 습득 정도
로 여긴다. 유아들도 한글과 숫자 깨치기에 매달리거나, 피아
노와 태권도 학원, 영어 유치원을 다니며 바쁜 일과를 보낸다.

교육에 관련해 부모들이 일희일비하는 첫 경험이 한글 읽고 쓰기다. 그렇지만 조금 일찍 배우거나 조금 늦게 배우는 차이는 크지 않다. 조금 일찍 배운 아이가 성취도가 높지도 않고 조금 늦다고 해서 큰 문제가 생기지도 않는다.

언어에서는 자기 고유의 시각과 생각을 갖고 사물과 사건을 바라보고, 해석하며, 자기 고유의 표현력과 목소리로 생각과 감정을 드러내는 힘이 가장 중요하다. 이런 바탕이 없는 기술적 접근은 별 소용이 없다. 그런데 많은 학부모가 자기 생각과 감정을 섬세하게 표현하고 소통하는지보다는 맞춤법이 맞는지 틀리는지에, 영어 단어 암기 개수와 영어 발음에 연연한다.

어린이 교육의 기본

어린이 교육의 바탕은 한 명 한 명의 본질적 특성에 관한 이해에서 비롯된다. 그런데 혹시 우리 아이가 공부도 잘하고, 음악도 잘하고, 운동도 잘하고, 친구 관계도 잘하고, 발표도 잘하는 아이가 되기를 바라는 것은 아닐까? 그런 일은 가능할까?

레오나르도 다빈치처럼 모든 일에 다재다능한 천재도 있다. 그렇지만 아주 예외적인 경우일 뿐 대부분의 어린이는 특징과 장점이 있는 반면 단점도 있다. 그래서 어린이의 자기다움을 찾고 자기만의 특성과 장점에 집중하는 것이 가장 중요하다.

어린이가 친구들에 비교되면서 상처받고 자기 단점에 집중하면서 위축되기보다는 긍정적 에너지를 발휘하도록 도와야 한다. '눈높이 교육'이라는 말이 있지만, 이것도 표피적인 표현에 불과하다. 더 본질적인 것은 교사와 부모가 하느님께서 선물로 주신 어린이만의 특성과 빛깔을 (받아들이기 힘들더라도) 그대로 받아들이고, 어린이의 잠재력을 굳게 믿고, 어린이가 자라면서 당당하게 그 빛을 살려나가도록 돕는 것이다. 어린이가 못 가진 것을 아쉬워하고 탓하기 전에 어린이가 가진 것에 감사하며 고마워해야 한다.

그런 바탕 위에서 몸, 마음, 생각이 건강하게 성장(전인적 성장)하도록 교사와 부모가 도와야 한다. 운동 능력이 있는 어린이는 그 특성을 잘 살려주면서 넓은 마음과 독자적 사고 바탕을 형성해주고, 논리적 능력이 있는 어린이는 그 특성을 잘 살려주면서 넓은 마음과 건강의 기초를 형성하도록 해줘야 한다.

따뜻한 사랑을 받은 아이는 따뜻한 사람으로 자랍니다. 자연과 가까이 지낸 아이는 마음이 넓고 착한 사람으로 자랍니다. 신나게 놀아본 아이는 새로운 길을 두려워하지 않는 사람으로 자랍니다. 좋은 책을 많이 읽고, 좋은 노래를 많이 듣고 부른 아이는 꿈을 가진 사람으로 자랍니다.

인사하는 습관, 옷 입는 습관, 책 읽는 습관, 돈 쓰는 습관, 상대의 이야기를 진지하게 듣는 습관, 상대의 처지를 배려할 줄 아는 습관, 아이들이나 어려움에 빠진 사람을 보면 감싸고 도와주는 습관, 사물의 이면을 관찰하는 습관 등 헤아릴 수 없이 많은 습관이 모여서 인품을 만든다.

이런 말처럼 어린이들은 많이 뛰어놀고, 친구들하고 부딪히고, 자연을 많이 접하고, 바른 습관을 길러야 한다.

가정, 부모의 변화와 성장

그런데 어린이들을 있는 그대로 받아들이고 자연스러운 성장을 돕기에는 부모들이 너무 조급하다. '알묘조장揠苗助長'이라는 고사성어가 있다. 한 농부가 논에 나가니 남의 벼만 키가 자라고 자기 벼는 늦되다. 그래서 옆 집 벼 키에 맞춰 자기 벼를 조금씩 뽑아 올리다가 결국 벼를 다 말려 죽인다.

교육의 원리와 농사의 원리는 같다. 화학 비료, 제초제, 살충제, 심지어 유전자 조작으로 기른 농산물은 크기도 크고, 빛깔도 그럴듯하고, 계절도 없지만, 정작 영양은 부족하고 맛은 심심하다. 햇볕과 비를 맞으며 땅의 힘을 받아 자란 유기 농산물은 모양은 울퉁불퉁하고 제각각이지만 맛이 진하고 영양도 풍부하며 야무지다. 교육도 그렇다. 여러 재능을 발휘해도 자기다움과 자율성, 생명력에 기초하지 않으면 정작 삶을 살아가는 데 필요한 본질적 힘은 되지 못한다.

변화가 일어나려면 삶과 교육을 길게 봐야 한다. 광고와 세태에 흔들리지 않는 자기만의 중심이 필요하다. YMCA 교육에서는 부모 모임과 가정교육을 중시한다. 부모들 스스로 자기다움을 찾고, 세상의 물결에 그냥 휩쓸려 사는 것이 아니라 삶과 교육의 본질을 돌아보고, 좀더 의미 있고 행복한 삶을 일궈야 한다. 그래서 부천YMCA는 어머니들이 모여 등대 모임을 하고,

아버지들이 모여 아버지 모임을 한다.

올바른 교육은 쉽지 않다. 어린이하고 맺는 관계에서 부모는 천사가 되기도 하고 악마가 되기도 한다. 그렇지만 어린이를 중심에 놓고 참된 교육을 통해 교사와 학부모가 함께 성장한다면 가정뿐 아니라 교사와 부모의 인생도 변하는 놀라운 경험을 하게 된다. 세계적인 과학자이자 영성가인 알베르트 아인슈타인은 말했다. "하루에도 백번씩 나는 내 삶이 살아 있는 또는 죽은 사람의 노고에 의존하고 있다는 것을 되새긴다. 그리고 받은 것만큼 되돌려주기 위해 얼마나 많이 노력해야만 하는지를 스스로 일깨운다."

YMCA의 교육 목적

YMCA의 교육은 경쟁이나 성공을 목적으로 어린이를 키우지 않는다. 일류 대학을 나오고 권력과 부를 획득해도 사회를 병들게 하는 사람도 많고, 사회적으로 성공해도 불안과 욕구 불만에 시달리며 불행한 사람도 많다. 어린이가 자기다움과 넓은 마음을 갖고, 소명으로 하는 일과 삶을 살며, 세상과 이웃에 더불어 사는 사람이 된다면, 사회적 지위가 높든 낮든, 물질이 많고 적든, 그 어린이는 세상에서 빛나는 사람, 그래서 자기도 주위도 행복하게 하는 참된 사람으로 성장할 것이다.

'나답게 살고, 더불어 살기.' YMCA의 교육 목적이다.

2022년 2월 15일